新时代智库出版的领跑者

国家智库报告 2024（16）
National Think Tank
社会·政法

中国哲学社会科学人才高地评价研究

张青松 吴田 等著

EVALUATION RESEARCH ON CHINESE TALENT
HIGHLAND IN PHILOSOPHY AND SOCIAL SCIENCES

中国社会科学出版社

图书在版编目(CIP)数据

中国哲学社会科学人才高地评价研究/张青松等著.—北京：中国社会科学出版社，2024.5

（国家智库报告）

ISBN 978 - 7 - 5227 - 3545 - 0

Ⅰ.①中… Ⅱ.①张… Ⅲ.①哲学社会科学—人才培养—研究—中国 Ⅳ.①C12

中国国家版本馆 CIP 数据核字(2024)第 090949 号

出 版 人	赵剑英	
责任编辑	周　佳　魏厚宾	
责任校对	闫　萃	
责任印制	李寡寡	

出　　版	中国社会科学出版社	
社　　址	北京鼓楼西大街甲 158 号	
邮　　编	100720	
网　　址	http://www.csspw.cn	
发 行 部	010 - 84083685	
门 市 部	010 - 84029450	
经　　销	新华书店及其他书店	
印刷装订	北京君升印刷有限公司	
版　　次	2024 年 5 月第 1 版	
印　　次	2024 年 5 月第 1 次印刷	
开　　本	787×1092　1/16	
印　　张	13.25	
插　　页	2	
字　　数	168 千字	
定　　价	78.00 元	

凡购买中国社会科学出版社图书，如有质量问题请与本社营销中心联系调换

电话：010 - 84083683

版权所有　侵权必究

序　　言

　　人才是第一资源、创新是第一动力。党的十八大以来，以习近平同志为核心的党中央高度统筹中华民族伟大复兴战略全局和世界百年未有之大变局，聚焦建设人才强国这一重大理论和实践问题，加快推进人才发展和科技创新的顶层设计和战略谋划，勾勒了新时代中国人才和科技创新工作的宏伟蓝图。党的二十大报告强调，"加快建设世界重要人才中心和创新高地，促进人才区域合理布局和协调发展，着力形成人才国际竞争的比较优势"。2021年9月，习近平总书记在中央人才工作会议上发表重要讲话，提出深入实施新时代人才强国战略、加快建设世界重要人才中心和创新高地，"在北京、上海、粤港澳大湾区建设高水平人才高地"。这为我们做好新时代人才工作提供了根本遵循和行动指南，更成为实现中国高质量发展的关键举措。

　　人才高地战略是基于深刻的时代背景和显著的现实价值而提出的。中国作为世界第二大经济体，正面临着转型升级和创新发展的重要时期，对人才的需求更加迫切。因此建设高水平人才高地，是中国站在新的发展历史起点上，立足更高层次、更高目标，对全面深入推进人才强国战略、创新驱动发展战略作出的科学思考和系统安排，对全面建设社会主义现代化国家、全面推进中华民族伟大复兴具有重要意义。其次，随着全球化和知识经济的加速发展，人才成为推动经济社会发展的关键要素，需要持续推进人才强国战略、加快人才高地建设，将人才作为强国之基、转型之要、竞争之本，提升中国在国际人才竞争中的地位和影响力。此外，只有拥有高素质、高技能的人才队伍，才能推动国家经济转型升级和社会全面发展，提升国际竞争力。因此建设人才高地建设，通过提升人才自主培养质量、优化人才队伍结构、构筑人才发展平台以及营造人才发展良好生态，打造具有国际竞争力的人才集聚高地，无疑是中国实现高水平科技自立自强、推动经济社会高质量发展应有之义。

人才高地具有丰富的内涵，确立并强化了人才引领发展的战略地位和意识，丰富发展了对新时代人才工作的"八个坚持"的规律性认识。它借用"高地"这一比喻，形象地描述了具有显著优势和高度的德才兼备的人才高度集聚于地区或领域。人才高地的基础通常包括区域规模、人口规模以及人才规模，往往具有人才数量多、技术门类全、总体素质高等基本特征。区域规模和人口规模越大，人才集中度越高，经济发展越快，人才高地往往能够率先出现，形成一个综合性、多层次的各级人才聚合在一起的"凸起"结构。人才高地的形成是一个长期的历史过程，它是经济、科技、社会发展长期领先于周边地区其他领域所导致的必然结果。人才高地的出现，不仅依赖地区的经济社会发展水平，同时也需要有效的运行机制来合理优化人才资源配置，确保人才能够充分发挥其潜力。人才高地一旦形成，将使其所赖以依托和生存的区域获得新的发展活力和内涵，推动行业产出能力以及社会生产力在新起点上向前发展，并达到新的发展高度。也就是说，人才高地的高地内涵体现在人才的高度集聚、经济社会发展的领先地位、有效的人才资源配置机制以及推动区域和社会发展的重要作用等方面。

具体而言，一是推动创新驱动发展。人才是创新的源泉，拥有高水平的人才意味着拥有更多的创新能力和创新成果。人才高地建设能够吸引和聚集大量创新型人才，推动科技创新和产业升级，为地区的可持续发展提供强大的动力。二是提高经济竞争力。高水平人才所具备的丰富专业知识和实践经验，通过聚集效能能够推动产业升级和转型，提高产品和服务的附加值，提升地区的经济竞争力，进而增强地区在全球经济中的竞争力。三是促进社会文明进步。通过引进和培养高素质人才，可以推动社会文化的繁荣和发展，提升居民的文化素养和道德水平，形成文明、和谐的社会氛围。四是提升国际影响力。高水平人才的聚集，能够吸引更多的国际关注和投资，推动地区在全球范围内的交流和合作，提高地区的知名度和美誉度。五是促进民生改善与共同富裕。人才高地建设的最终目标是实现人民的共同富裕和生活质量的提升，通过提供丰富的就业机会和优质的公共服务，人才高地建设可以改善民生，提高居民的生活水平，实现社会的和谐稳定。

人才是国家发展的核心力量以及推动社会进步的重要动力。目前，中国的人才总量已经达到了2.2亿人，人才群体包括自然科学人才队伍和哲学社会科学人才队伍等多个领域。相较于自然科学人才队伍在科技创新、经济发展等方面发挥着重要作用，哲学社会科学人才队伍以其深厚的学术素养、敏锐的洞察力和独特的创新思维，深入研究提出新理论、新观点和新方法，在推动社会进步、文化繁荣和国家治理现代化等方面扮演着重要角色，为党和政府决策提供了重要的理论支撑和智力支持。目前，关于人才高地建设的研究已经相当丰富，但聚焦哲学社会科学人才高地的研究仍显不足。然而，哲学社会科学人才高地建设的重要性不容忽视。它不仅是推动国家治理体系和治理能力现代化的关键力量，也是提升国家文化软实力和国际影响力的重要支撑。在中国特色人才治理体系建设中，哲学社会科学人才积极参与人才政策制定、人才评价体系建设等工作，为构建科学、公正、高效的人才治理体系提供了宝贵的建议和意见，推动提升中国哲学社会科学研究的整体水平，增强中国在国际学术界的地位和影响力。因此，我们需要加强对哲学社会科学人才高地建设的研究，深入挖掘其内涵、特点和规律，为构建中国特色的人才治理体系提供理论支撑和实践指导。

中国社会科学评价研究院在中国社会科学院党组的领导下，积极开展人才队伍建设评价研究，致力于构建科学、全面、有效的人才评价体系，以推动人才资源的优化配置和高效利用。作为评价研究院的重要职责之一，研究院通过深入研究人才发展的内在规律和特点，注重理论与实践相结合，结合国家发展需求和中国社会科学院实际，制定了一系列符合中国特色的人才评价标准和指标体系。这些标准和指标不仅涵盖了人才的学术水平、创新能力、实践经验等方面，还注重人才的道德品质、团队合作精神和社会责任感等非学术因素，从而实现对人才全面、客观的评价。

基于中国社会科学评价研究院的职责使命以及在人才评价、学科评价等领域的学术积累，评价研究院研究团队聚焦哲学社会科学人才高地建设，从多个角度、多个层面进行深入探讨和研究，构建了哲学社会科学人才高地评价指标体系，有助于全面、系统地评估人才高地的建设成效，全面反映人才高地的发展状况，包括人才的数量、质量、结构、创新能力以及人才环境的优化程度等，发现人才高地建设的亮点和不足，为后续的决策和规划提供科学依据。同时，通过科学的研究评价，识别出各人才高地建设在人才培养、引进、使用、激励等方面的优势和劣势，可有针对性地制定改进措施，引导人才资源向关键领域、重点产业和区域集聚，实现人才资源的最大化利用。此外，通过评价结果的比较，能够客观展示人才高地在国内外人才竞争中的地位和优势，增强人才高地的吸引力和影响力，吸引更多高层次人才聚集，进一步推动人才高地的发展。最为重要的是，促进形成人才高地建设的长效机制，及时跟踪人才高地的发展动态，发现问题并及时调整策略，形成良性循环，推动人才高地持续健康发展。

本书中，研究团队客观分析了哲学社会科学人才队伍发展现状以及中国在加强人才建设、创造良好人才发展环境等方面的历史经验，并结合全球化和经济深入发展背景下人才市场的规模持续扩大、结构日益复杂等情况，围绕人才高地吸引力、人才高地管理力和人才高地影响力三个核心要素，构建了哲学社会科学人才高地评价分析维度，并对各构成要素进行了详细解析。本书在阐释各项评价维度时，揭示了哲学社会科学人才和人才高地发展过程中存在的一些问题和挑战。例如，人才吸引的价值错位以及极化分布、人才管理与培养支持机制不健全、研究成果社会化传播力度不足、高端人才仍然短缺等问题，并提出了优化完善学术、学科以及人才评价体系，加强人才高地建设，优化人才发展环境等政策建议。

本书对于贯彻落实习近平总书记提出的关于加快人才高地建设战略，明确哲学社会科学人才高地建设的方向和目标，激发建设人才高地的积极性和主动性，推动人才资源的优化配置和高效利用，最终实现人才与经济社会发展的深度融合和相互促进具有一定的价值。坚持党的领导，能够确保人才工作的正确方向。本书对于各级政府部门以学术界在党的全面领导下，站在时代前沿把握国家发展的总体趋势和战略需求，推动新时代人才工作新理念新战略新举措落在实处，也具有一定的指导意义。本书存在的不足之处，恳请各位同仁专家批评指正。同时，感谢项目组同仁为本书做出的贡献，并对编辑对本书给予的宝贵意见表示衷心感谢。

张青松

2024年3月30日

摘要：人才是推动哲学社会科学高质量发展，加快构建中国特色哲学社会科学"三大体系"和自主知识体系的第一资源。新时代以来，中国哲学社会科学界在团结人才、引领人才、培育人才、激励人才、使用人才等体制机制建设方面取得辉煌成就。面对实现中华民族伟大复兴的战略全局和世界百年未有之大变局，建设哲学社会科学人才高地意义重大。本研究在界定基本概念与明确评价意义基础上，首先梳理了中国哲学社会科学人才队伍现状。随后，基于AMI评价模型，构建起涵盖人才高地吸引力、人才高地管理力和人才高地影响力3个一级维度的评价框架，并基于多源异构数据，分维度呈现中国哲学社会科学人才高地建设情况。最后，总结中国哲学社会科学人才高地建设的成功经验、存在的典型问题并提出相应的政策建议。

关键词：人才高地，哲学社会科学，吸引力，管理力，影响力

Abstract: Talent is the first resource to promote the high-quality development of philosophy and social sciences and accelerate the construction of the "three systems" and independent knowledge system of philosophy and social sciences with Chinese characteristics. Since the new era, the Chinese philosophy and social science community has made brilliant achievements in the construction of institutions and mechanisms such as uniting talents, leading talents, cultivating talents, motivating talents and using talents. In the face of the strategic overall situation of realizing the great rejuvenation of the Chinese nation and the great changes in the world unseen in a century, it is of great significance to build the talent highland in philosophy and social sciences. On the basis of defining the basic concepts and clarifying the significance of evaluation, this study first reviews the current situation of Chinese philosophy and social science talents. Then, an evaluation framework covering three first-level dimensions of talent highland attractive power, talent highland management power and talent highland impact power is constructed. Based on multi-source heterogeneous data, the construction of Chinese talent highland in philosophy and social sciences is presented in different dimensions. Finally, the successful experience and typical problems of the construction of Chinese talent highland in philosophy and social science are summarized and corresponding policy suggestions are put forward.

Key Words: talent highland, philosophy and social sciences, attractive power, management power, impact power

目　录

一　总论 …………………………………………………………（1）
　　（一）重要概念的内涵及其历史演进 ……………………（1）
　　（二）新时代中国哲学社会科学人才体制机制
　　　　建设的辉煌成就 ………………………………………（13）
　　（三）哲学社会科学人才高地建设：何以可能与
　　　　评价何为 ………………………………………………（22）
　　（四）中国哲学社会科学人才高地评价维度 ……………（34）

二　中国哲学社会科学人才高地建设现状 ……………………（37）
　　（一）中国总体人才队伍发展现状 ………………………（37）
　　（二）中国哲学社会科学人才队伍发展现状 ……………（44）
　　（三）中国哲学社会科学人才高地建设的
　　　　战略取向 ………………………………………………（72）

三　中国哲学社会科学人才高地吸引力研究 …………………（76）
　　（一）概念界定 ……………………………………………（76）
　　（二）现状综述 ……………………………………………（79）
　　（三）分维度分析 …………………………………………（84）
　　（四）存在的问题 …………………………………………（105）
　　（五）政策建议 ……………………………………………（108）

四 中国哲学社会科学人才高地管理力研究 …………（110）
　　（一）概念界定 …………………………………………（110）
　　（二）现状综述 …………………………………………（110）
　　（三）分维度分析 ………………………………………（113）
　　（四）存在的问题 ………………………………………（145）
　　（五）政策建议 …………………………………………（147）

五 中国哲学社会科学人才高地影响力研究 …………（149）
　　（一）概念界定 …………………………………………（149）
　　（二）现状综述 …………………………………………（151）
　　（三）分维度分析 ………………………………………（159）
　　（四）存在的问题 ………………………………………（176）
　　（五）政策建议 …………………………………………（179）

结语　肩负评价使命　勇攀学术高峰 ……………………（184）
　　（一）优化完善学术评价体系，加快中国自主
　　　　　知识体系构建 ……………………………………（185）
　　（二）优化完善学科评价体系，弥合知识生产
　　　　　不平等的鸿沟 ……………………………………（186）
　　（三）优化完善人才评价体系，建设哲学社会
　　　　　科学人才高地 ……………………………………（187）

参考文献 ……………………………………………………（190）

后　记 ………………………………………………………（195）

一　总论

（一）重要概念的内涵及其历史演进

1. 人才

"人才"也作"人材"。"人才"一词渊源已久，查《辞源》，人才在传统中国有三义。一是人的才能。汉王充《论衡·累害》："人才高下，不能钧同。"二是有才学的人。《抱朴子·逸民》："褒贤贵德，乐育人才。"《南齐书·文学传论》："若子桓（曹丕）之品藻人才。"三是人的品貌。《太平广记》："楷人才寝陋，兼无德行。"当代中国常用的"人才"一词取第二义，即具有才华、学识的人。

在传统中国，才华、学识的指向较为宽泛，"人才"一词的意涵在不同历史时期有一定的差异。根据《周礼》记载，周王官学要求贵族须掌握六种基本才能，"养国子以道，乃教之六艺：一曰礼，二曰乐，三曰射，四曰御，五曰书，六曰数"，即"君子六艺"——礼、乐、射、御、书、数，掌握六艺之人就是人才。春秋战国时期百家争鸣，道家、儒家、墨家、名家、阴阳家、兵家、法家诸子由于思想受到人们的欢迎，成为诸侯争相延揽的人才。东汉刘邵《人物志》将人的才能分为"自任""计策""人事""行事""权奇""司察""威猛"7种，认为分别具备这7种才能的人才可以胜任不同的职位，并体现为不同的施政风格。隋唐以来，读书人实现社会流动的途径越来以科举为正途，人们对才华、学识的理解相对局限于科举文章的写作水平，"中国一乡一邑书院林立，所工者惟文章也，所求者乃科举也，而此外则别无所事"，"举世奋志功名者无不从事于此，将一生有用之精神尽销磨于无用之制艺"（潘克先《中西书院文艺兼肄论》）。

表 1-1　　　　　　　　刘邵"人才七能论"

才能类型	人才类型	适配职位	施政风格
自任之能	清节之材	冢宰之任	矫直之政
立法之能	治家之材	司寇之任	公正之政
计策之能	术家之材	三孤之任	变化之政
人事之能	智意之材	冢宰之佐	谐合之政
行事之能	谲让之材	司寇之佐	督责之政
权奇之能	伎俩之材	司空之任	艺事之政
司察之能	臧否之材	师氏之佐	刻削之政
威猛之能	豪杰之材	将帅之任	严厉之政

资料来源：根据刘邵《人物志》卷五《材能》整理。

近代中国开启现代化进程之后，"人才"一词的意涵多为市场化的专业人才。现代社会是以精细化分工的现代经济为基础的，因此现代社会所需的人才往往是知识、技能或经验有助于现代经济社会发展的专业人才。1982 年，《国务院批转国家计划委员会关于制定长远规划工作安排的通知》规定，具有中专或中专以上规定学历者，具有技术员或相当于技术员以上技术职务者都称为人才。2003 年 12 月的全国人才工作会议则提出，只要具有一定的知识或技能，能够进行创造性劳动，为社会主义物质文明、政治文明、精神文明建设做出积极贡献，都是党和国家需要的人才。《国家中长期人才发展规划纲要（2010—2020 年）》明确指出，"人才是指具有一定的专业知识或专门技能，进行创造性劳动并对社会作出贡献的人，是人力资源中能力和素质较高的劳动者。人才是我国经济社会发展的第一资源"。中国一些省级行政区的人才工作条例或人才发展促进条例，也基于上述逻辑对人才加以认定。《深圳经济特区人才工作条例》注明："人才，是指经济社会发展需要的，具有一定专业知识或者专门技能，进行创造性劳动并对社会作出贡献的劳动者。"《山东省人才发展促进条例》注明："本条例所称人才，是指具有一定的专业知识或者专门技能，进行创造性劳动并对社会作出贡献的人，是人力资源中能力和素质较高的劳动者。"

本书中出现的"人才"概念是指适应现代经济和社会发展需要，具有一定专业知识或者专门技能，进行创造性劳动并对社会做出贡献的劳动者。

2. 人才高地

"人才高地"又称"高水平人才高地"，是习近平总书记就全国人才工作提出的重要概念。2021年9月，习近平总书记在中央人才工作会议上强调，深入实施新时代人才强国战略，加快建设世界重要人才中心和创新高地，提出在北京、上海、粤港澳大湾区建设高水平人才高地，在一些高层次人才集中的中心城市建设吸引和集聚人才的平台，加快形成"3+N"战略支点和雁阵格局。[①] 习近平总书记重要讲话中的"高地"这一概念来自军事学领域。查《辞海》，"高地"在军事上指地面凸起的部位，常作指示目标位置用。比如在地形图上，高程注记为286.9米的山，称"286.9高地"；无高程注记的山，称"无名高地"。在战争中，控制高地意味着拥有更好的防守地点和攻击优势，因为高地可以提供更广阔的视野和射击范围，使军队能够更好地监视和控制周围的区域，从而提供更好的掩护和防御，对战局的胜负具有重要

[①] 习近平：《深入实施新时代人才强国战略　加快建设世界重要人才中心和创新高地》，《人民日报》2021年9月29日第1版。

影响。习近平总书记借用军事学中的"高地"概念，提出"建设高水平人才高地"，实质是寄希望于中国在全球人才竞争中取得明显的竞争优势，在战略科技和创新领域聚集一批高水平人才，从而在全球科技和创新竞争中立于不败之地。

与之相应的概念还有高峰、高原，在习近平总书记关于人才工作论述中，高峰和高原是一组同时出现的概念，主要是就作品而言。2014年10月15日，习近平总书记在文艺工作座谈会上指出，"在文艺创作方面也存在着有数量缺质量，有'高原'缺'高峰'的现象"，高原是指"脍炙人口的优秀作品"，高峰则是指"传播当代中国价值观念、体现中华文化精神、反映中国人审美追求，思想性、艺术性、观赏性有机统一的优秀作品"①。哲学社会科学面临同样的问题，2016年5月17日，习近平总书记在哲学社会科学工作座谈会上强调："我国哲学社会科学还处于有数量缺质量、有专家缺大师的状况。"② 在座谈会上发言的中国社会科学院原副院长汝信也认为，"长期以来，我国哲学社会科学取得了巨大成就，但也面临有高原无高峰的问题。中国特色哲学社会科学既要有解决中国问题的针对性，又要有解决全世界全人类问题的大情怀"，哲学社会科学著作应"真正在理论上实现突破性的发展建树"③。因此，高峰、高原与高地三个概念在习近平总书记人才工作相关论述中具有不同的指称，又彼此密切关联。高原对应的是哲学社会科学著作的数量，高峰对应的是哲学社会科学著作的质量，即旨在解决全世界全人类问题，在理论上实现重大突破，并有效解决中国问

---

① 习近平：《在文艺工作座谈会上的讲话》，载习近平《论党的宣传思想工作》，中央文献出版社2018年版。
② 习近平：《在哲学社会科学工作座谈会上的讲话》，《人民日报》2016年5月19日第2版。
③ 苏培：《共筑学术梦：我和社科院的故事——访著名美学家、中国社会科学院原副院长汝信》，《中国社会科学报》2017年5月11日第2版。

题的哲学社会科学鸿篇巨制。遵循习近平总书记关于哲学社会科学和人才工作讲话的精神，目前哲学社会科学人才工作的政策目标是通过哲学社会科学人才高地的建设，不仅推出大量优秀的哲学社会科学著作（高原），而且要形成一批旨在解决全世界全人类问题，在理论上实现重大突破，并有效解决中国问题的哲学社会科学鸿篇巨制（高峰）。人才高地和哲学社会科学著作的高峰、高原构成了有机统一的整体，共同助力哲学社会科学繁荣和哲学社会科学强国建设。

3. 哲学社会科学

人才按专业可以划分为两大类，一类是自然科学技术人才，另一类是哲学社会科学人才。"哲学社会科学"与"人文社会科学"指称的对象基本相同，在中国现实生活中，"哲学社会科学"通常多为学术管理部门使用，这一概念更强调其意识形态属性，[①] 而"人文社会科学"概念是现代科学共同体使用的学术概念，人文社会科学的外延则较宽泛，几乎涵盖了除自然科学之外的所有知识门类。中国的学术研究应自觉坚持马克思主义的指导地位，因此本书中使用哲学社会科学这一概念。2017年5月，中共中央印发的《关于加快构建中国特色哲学社会科学的意见》进一步明确了新时代中国特色哲学社会科学的概念范畴：坚持马克思主义的指导地位，坚持党的领导，涵盖具有中国特色哲学社会科学"三大体系"。本书以此为纲，构建哲学社会科学科研人才的评价体系。[②]

在中国哲学社会科学的语境中，"哲学"主要指马克思主义。2016年5月17日，习近平总书记在哲学社会科学工作座谈

[①] 刘伟：《论哲学社会科学的特殊性》，《北京大学学报》（哲学社会科学版）2021年第6期。

[②] 吴田、杨佳乐：《哲学社会科学科研人才评价体系构建研究》，《中国社会科学评价》2022年第3期。

会上的讲话强调："坚持以马克思主义为指导，是当代中国哲学社会科学区别于其他哲学社会科学的根本标志。"[1] 中华人民共和国成立之初，坚持马克思主义的指导地位就是中国哲学社会科学的重要特征之一。中华人民共和国成立后，党中央明确要求："用马列主义的思想原则在全国范围内和全体规模上教育人民，是我们党的一项最基本的政治任务。"[2] 1954年，哲学家潘梓年负责筹建中国科学院哲学社会科学部和哲学研究所，并筹备出版中国第一份哲学理论刊物——《哲学研究》。1955年3月，《哲学研究》正式创刊。[3] 潘梓年在《哲学研究》发刊词《为马克思主义哲学的胜利而斗争》中说："马克思主义哲学，是人类科学知识最高的总结，是马克思列宁主义者、共产党人的世界观，是进行各种科学（包括自然科学各部门，社会科学各部门）研究工作的理论基础，是劳动人民进行革命，进行社会主义建设和社会主义改造事业的思想武器。"[4] 曾任中国社会科学院院长的胡绳、马洪对"哲学社会科学"概念的由来也有类似的阐释。胡绳指出："科学，一般说来包括自然科学和社会科学。我们把哲学和社会科学放在一起讲，但哲学并不属于社会科学，它既和社会科学有联系，又和自然科学有联系。"[5] 马洪认为："因为哲学是社会科学和自然科学的综合科学，所以我

---

[1] 习近平：《在哲学社会科学工作座谈会上的讲话》，《人民日报》2016年5月19日第2版。

[2] 王延中：《新中国民族学与人类学研究70年》，中国社会科学出版社2021年版。

[3] 中国社会科学院科研局：《编者的话》，载中国社会科学院科研局组织编选《潘梓年集》，中国社会科学出版社2012年版，第19页。

[4] 潘梓年：《为马克思主义哲学的胜利而斗争》，《哲学研究》1955年第1期。

[5] 这是胡绳于1986年在中宣部和解放军总政治部联合举行的报告会上的讲话。引自胡绳《胡绳全书》第3卷，人民出版社1998年版，第465页。

们叫'哲学社会科学'。"① 概言之，马克思主义哲学在人类知识领域应处于领导地位，是中华人民共和国成立之初中国科学院将哲学独立于社会科学，共同组成哲学社会科学学部的理论基础。

目前中国关于哲学社会科学的学科门类划分主要有三种：一是全国哲学社会科学工作办公室基于引领哲学社会科学界服务党和国家战略开展课题研究而做的学科分类，即《国家社会科学基金项目申报数据代码表》；二是国务院学位委员会和教育部从方便培养和管理高校人才的角度进行的学科分类，即关于研究生专业分类的规定《学位授予和人才培养学科目录》和关于本科生学科分类的规定《普通高等学校本科专业目录》；三是中华人民共和国国家市场监督管理总局、中国国家标准化管理委员会发布的《中华人民共和国国家标准：学科分类与代码》。其中，哲学社会科学高层次人才培养方面具有较强操作性和前沿性的分类标准主要是全国哲学社会科学工作办公室的学科分类《国家社会科学基金项目申报数据代码表》和国务院学位委员会和教育部关于研究生学科分类的规定《学位授予和人才培养学科目录》。

全国哲学社会科学工作领导小组是中国哲学社会科学工作的领导机构，其办公室制定的学科分类在学界具有一定影响力。2018年1月，中央决定成立全国哲学社会科学工作领导小组，下设全国哲学社会科学工作办公室。全国哲学社会科学工作办公室为全国哲学社会科学工作领导小组的办事机构，负责处理领导小组日常工作。② 根据全国哲学社会科学工作办公室现行的学科界定，目前中国哲学社会科学下属分学科共23个，分别

---

① 这是马洪于1982年11月在天津社会科学院座谈会上的讲话。引自马洪《开创社会科学研究的新局面》，中国社会科学出版社1984年版，第25页。
② 《机构职能》，全国哲学社会科学工作办公室，http://www.nopss.gov.cn/n1/2018/1226/c220819-30488974.html。

是：马列·科社、党史·党建、哲学、理论经济学、应用经济学、统计学、政治学、法学、社会学、人口学、民族学、区域国别学和国际问题研究、中国历史、世界历史、考古学、宗教学、中国文学、外国文学、语言学、新闻学与传播学、图书馆·情报与文献学、体育学、管理学。①

表1-2　　　　国家社会科学基金规定的一级学科方向变化

	学科数	一级学科类别
1988年	12	马克思主义研究、哲学、经济学、政治学、法学、社会学、民族研究、宗教研究、历史学、文学、语言学、国际问题研究②
1989年	16	马克思主义研究、哲学、经济学、政治学、法学、中国古代史、中国近代史、世界史、考古学、文学、外国文学、语言学、宗教研究、民族研究、社会学、国际问题研究③
1992年	18	马克思主义·科学社会主义、党史·党建、哲学、经济学、政治学、社会学、法学、国际问题研究、中国历史、世界历史、考古学、民族问题研究、宗教学、中国文学、外国语言文学、语言学、新闻学、图书·情报·档案④
1993年	19	马克思主义·科学社会主义、党史·党建、哲学、经济学（经济理论）、经济学（应用经济）、政治学、社会学、法学、国际问题研究、中国历史、世界历史、考古学、民族问题研究、宗教学、中国文学、外国语言文学、语言学、新闻学、图书·情报·档案⑤

---

① 教育学、艺术学、军事学单列。

② 单天伦：《我国社会科学研究体制改革的一个重要措施——谈国家社会科学基金的建立》，《中国高等教育》1988年第9期。

③ 安京：《国家社会科学基金会简况》，《中国科学基金》1989年第4期。

④ 全国哲学社会科学规划办公室编：《国家社会科学基金历年立项课题汇编》，社会科学文献出版社1993年版。统计时间跨度为1983—1992年。

⑤ 全国哲学社会科学规划办公室编：《国家社会科学基金资助项目汇编（1993—1998年）》，学习出版社1998年版，第43—98页。1993年，经济学的两个分支——经济理论和应用经济独立为两个并列的一级学科方向。

续表

	学科数	一级学科类别
1996年	20	马克思主义·科学社会主义、党史·党建、哲学、经济学（经济理论）、经济学（应用经济）、政治学、社会学、法学、国际问题研究、中国历史、世界历史、考古学、民族问题研究、宗教学、中国文学、外国语言文学、语言学、新闻学、图书馆·情报与文献学①、体育学②
1997年	22	马列·科社、党史·党建、哲学、理论经济、应用经济、统计学、政治学、社会学、人口学、法学、国际问题研究、中国历史、世界历史、考古学、民族问题研究、宗教学、中国文学、外国文学、语言学、新闻学、图书馆情报和文献学、体育学③
2009—2023年	23	马列·科社、党史·党建、哲学、理论经济、应用经济、统计学、政治学、社会学、人口学、法学、国际问题研究、中国历史、世界历史、考古学、民族问题研究、宗教学、中国文学、外国文学、语言学、新闻学与传播学、图书馆·情报与文献学、体育学、管理学④
2024年	23	马列·科社、党史·党建、哲学、理论经济学、应用经济学、统计学、政治学、法学、社会学、人口学、民族学、区域国别学和国际问题研究、中国历史、世界历史、考古学、宗教学、中国文学、外国文学、语言学、新闻学与传播学、图书馆·情报与文献学、体育学、管理学

高校哲学社会科学是中国哲学社会科学的重要组成，其学科分类主要是基于加强高校人才培养的考虑。中国哲学社会科

---

① 1994年开始，国家社会科学基金项目以"图书馆·情报与文献学"为名立项资助。参见中国科学技术协会主编，中国图书馆学会编著《中国图书馆学学科史》，中国科学技术出版社2014年版，第255页。

② 张天白：《我国体育社会科学规划工作回顾与展望》，《体育科学》2001年第4期。1996年，增设体育学为国家社会科学基金资助的一级学科方向。

③ 全国哲学社会科学规划办公室编：《国家社会科学基金资助项目汇编（1993—1998年）》，学习出版社1998年版，第99—100、121—122页。1997年，统计学和人口学成为国家社会科学基金资助的两个新的一级学科方向。

④ 2009年，管理学从应用经济学中独立，成为国家社会科学基金资助的一级学科方向。

学机构主要包括高等院校、党校（行政学院）、部队院校、科研院所、党政部门研究机构"五路大军"，由于高校教师队伍在哲学社会科学"五路大军"中的规模相对较大，而"高校哲学社会科学有重要的育人功能"①，为党政机关和社会各界输送了大批专业人才，因此国务院学位委员会和教育部面向高校制定的学科分类体系不仅在高等教育领域具有一定美誉度，也成为社会各界用于识别哲学社会科学人才专业能力的重要参考。截至2021年年底，中国高校哲学社会科学涵盖哲学、经济学、法学、教育学、文学、历史学、管理学、艺术学，共8个学科门类、28个一级学科。② 2022年，国务院学位办公室发布《研究生教育学科专业目录》之后，交叉学科正式成为中国高校学科体系中的一级学科，国家安全学、设计学、区域国别学、文物等学科成为交叉学科门类下的二级学科。评价学等新兴显学也已具备列入交叉学科门类的潜力。③ 中国高校哲学社会科学开始突破传统的学科门类设置，在保持传统学科主体性的基础上迈向学科间的融合再造，推动新兴学科和交叉学科创新发展。

表1-3　　　　中国高校哲学社会科学相关的一级学科门类

	学科门类	政策依据
1983年	哲学、经济学、法学、教育学、文学、历史学	《高等学校和科研机构授予博士和硕士学位的学科专业目录（试行草案）》
1997年	哲学、经济学、法学、教育学、文学、历史学、管理学	《授予博士、硕士学位和培养研究生的学科、专业目录》（1997年公布）

---

① 习近平：《在哲学社会科学工作座谈会上的讲话》，《人民日报》2016年5月19日第2版。

② 吴月：《努力使中国特色哲学社会科学真正屹立于世界学术之林》，《人民日报》2022年7月7日第4版。

③ 荆林波、吴田：《建议在"交叉学科"门类下设立"评价学"一级学科》，《中国社会科学报》2023年2月28日第1版。

续表

	学科门类	政策依据
2011年	哲学、经济学、法学、教育学、文学、历史学、管理学、艺术学	国务院学位办发布的《学位授予和人才培养学科目录（2011年公布）》《学位授予和人才培养学科目录（2018年4月更新）》
2022年	哲学、经济学、法学、教育学、文学、历史学、管理学、艺术学、交叉学科	《研究生教育学科专业目录（2022年）》

哲学社会科学"五路大军"不仅肩负培养哲学社会科学高层次人才的育人使命，而且也承担着服务经济社会发展的职责功能。因此，本书的哲学社会科学概念范畴更具统摄性。本书统筹人才培养与经济社会发展需要，兼顾传统学科的主体性和新兴学科、交叉学科的创新发展，认为中国哲学社会科学包括马列·科社、党史·党建、哲学、理论经济学、应用经济学、统计学、政治学、法学、社会学、人口学、民族学、区域国别学和国际问题研究、中国历史、世界历史、考古学、宗教学、中国文学、外国文学、语言学、新闻学与传播学、图书馆·情报与文献学、体育学、管理学、教育学、艺术学，以及可授予哲学社会科学相关领域学位的国家安全学、设计学、区域国别学、文物等交叉学科门类下的二级学科。

4. 哲学社会科学人才高地

习近平总书记"5·17"重要讲话明确提出，要实施哲学社会科学人才工程，着力发现、培养、集聚一批有深厚马克思主义理论素养、学贯中西的思想家和理论家，一批理论功底扎实、勇于开拓创新的学科带头人，一批年富力强、锐意进取的中青年学术骨干，构建种类齐全、梯队衔接的哲学社会科学人才体系。[①]

---

① 习近平：《在哲学社会科学工作座谈会上的讲话》，《人民日报》2016年5月19日第2版。

据此，本书认为，哲学社会科学人才主要包括哲学社会科学领域具有深厚马克思主义理论素养、学贯中西的思想家和理论家，理论功底扎实、勇于开拓创新的学科带头人，以及年富力强、锐意进取的中青年学术骨干。

中国的哲学社会科学人才主要来自高等院校、党校（行政学院）、部队院校、科研院所、党政部门研究机构（哲学社会科学"五路大军"）。本书中出现的"哲学社会科学人才高地"主要是哲学社会科学人才存量势能和发展动能较强的机构或区域。具体体现在：在吸引力方面，该机构或区域的人才发展预期的成长环境相对包容，满足人才工作和生活需求的服务保障充分，哲学社会科学顶尖人才、领军人才、青年人才等各类高层次人才规模较大，分布相对密集，且胜任特定领域的高水平研究工作，具备成为名家大师的发展潜力；在管理力方面，该机构或区域的哲学社会科学人才事业不断取得高质量发展，发展平台类的硬件条件处于国内领先水平，体制机制类的制度环境支持体系完善，在思想政治引领、科研诚信规范等方面作用突出；在影响力方面，该机构和区域的科研实力较强，科研成果具有较高社会价值和广泛社会影响，咨政献言受到决策部门的高度重视，在国际学术界已具备了一定话语权。

哲学社会科学人才高地建成，绝非一朝一夕之功。中国哲学社会科学人才高地建设，先期仍需以具备建成潜力的高水平哲学社会科学机构为中心，以机构建设带动区域发展，率先在高水平哲学社会科学机构相对聚集的城市建成一批哲学社会科学人才高地，为建设区域性的哲学社会科学人才高地积累经验。因此，本书的讨论仍以高水平哲学社会科学机构为中心，兼及哲学社会科学机构相对聚集的区域。此外，除"五路大军"涉及的哲学社会科学机构之外，随着中国特色新型智库建设不断深入，一批高质量的社会智库、企业智库脱颖而出，在聚焦特定战略领域，服务国家重大战略方面做出积极贡献，本书也将其一并纳入哲学社会科学人才高地的讨论范畴。

（二）新时代中国哲学社会科学人才体制机制建设的辉煌成就

吸引人才、培育人才、留住人才、用好人才，关键是体制机制。体制机制是影响人才集聚和作用发挥的根本性问题，深化体制机制改革是构筑人才制度优势、赢得国际竞争主动的战略之举。2021年11月，党的十九届六中全会通过的党的第三个历史决议《中共中央关于党的百年奋斗重大成就和历史经验的决议》对新时代人才工作成就作出全面阐释："党坚持党管人才原则，实行更加积极、更加开放、更加有效的人才政策，深入实施新时代人才强国战略，加快建设世界重要人才中心和创新高地，聚天下英才而用之。"[①] 党的十八大以来，党中央以"授权、松绑"为核心，推动中国人才发展体制机制改革全面提速，中国特色人才制度体系的"四梁八柱"基本形成，中国哲学社会科学人才体制机制建设取得了辉煌成就。

1. 坚持党管人才的原则，人才领导体制不断优化

党的十八大以来，党对人才工作的领导全面加强，党管人才的领导体制和工作格局不断完善。以习近平同志为核心的党中央坚持发展是第一要务、创新是第一动力、人才是第一资源，确立人才引领发展的战略地位，发挥重大人才工程牵引作用，深化人才发展体制机制改革，激发各类人才创新活力，各地区各部门抓人才工作的积极性和主动性前所未有，事业发展和政策创新为人才营造的条件前所未有，人才对中国发展的支

---

① 《中共中央关于党的百年奋斗重大成就和历史经验的决议》，《人民日报》2021年11月17日第1版。

撑作用前所未有，中华大地正在成为各类人才大有可为、大有作为的热土。① 党对哲学社会科学人才工作的领导体制机制优化是党的十八大以来，党的人才工作完善优化的重要内容。

党的十八大以来，党中央出台了一系列政策文件，加强和改进党对哲学社会科学人才工作的领导体制。党的十八届五中全会强调，要实施哲学社会科学创新工程，建设中国特色新型智库。2015年11月，习近平总书记主持召开中央全面深化改革领导小组会议，通过了《国家高端智库建设试点工作方案》。目前入选国家高端智库建设试点名单的智库已达29家。2017年5月，中共中央办公厅印发的《关于进一步加强党委联系服务专家工作的意见》指出，要深入学习贯彻习近平总书记系列重要讲话特别是关于人才工作的重要指示精神，坚持党管人才原则，加强对专家的政治引领和政治吸纳，做到政治上充分信任、思想上主动引导、工作上创造条件、生活上关心照顾，推进党委联系服务专家工作制度化、科学化、常态化，最大限度地把各方面人才凝聚到党和国家事业中来，聚天下英才而用之。目前，中国各级党委（党组）已把联系服务专家工作纳入重要议事日程，纳入党的建设重要内容，纳入人才工作考核内容。2021年5月《中国共产党组织工作条例》印发，设专章对党的人才工作做出规定，明确了党管人才的体制机制。党委统一领导，组织部门牵头抓总，有关部门各司其职、密切配合，用人单位发挥主体作用、社会力量广泛参与的党管人才工作格局日益完善。各省区市党委、地市级党委均成立了人才工作领导机构。

2. 人才引领：高才优先、高位引领，人才引进力度不断加大

新时代中国人才对外开放力度不断加大，"近悦远来"引

---

① 习近平：《深入实施新时代人才强国战略　加快建设世界重要人才中心和创新高地》，《人民日报》2021年9月29日第1版。

才用才格局进一步形成，中国逐步从世界最大人才流出国转变为主要人才回流国，正在成为创新人才高度集聚、创新要素高度整合、创新活动高度活跃的全球人才高地。[①] 习近平总书记提出："要构筑集聚全球优秀人才的科研创新高地，完善高端人才、专业人才来华工作、科研、交流的政策。"[②] 从1978年到2022年年底，各类出国留学人员累计达585.71万人，其中432.32万人已完成学业，365.14万人在完成学业后选择回国发展，占已完成学业群体的84.46%。党的十八大以来，中国对海外哲学社会科学高层次人才的引进力度不断加大，人才高地建设不断提速，人才政策更积极、更开放、更有效，例如支持粤港澳大湾区建设国际教育示范区、支持长三角地区打造国际合作教育样板区和国际人文交流汇聚地、支持海南自贸港建设国际教育创新岛，支持中西部和东北地区立足区位优势扩大面向周边国家的教育开放，引导高校通过国际合作与交流推进"双一流"建设以及组建国际高校联盟，打造北京"留学人才回国服务示范区"等。随着中国向全球人才敞开大门，不求人才为我所有，但求人才为我所用，中国已经柔性汇聚了一批跨学科交叉融合和跨领域与国界的全球顶尖的哲学社会科学人才。中国有关部门对国家急需紧缺的哲学社会科学特殊人才，开辟了专门渠道，实行特殊政策，实现了精准引进。此外，中国还支持地方、部门和用人单位设立引才项目，加强动态管理。

[①] 丁小溪、范思翔、张研：《聚人才之力 筑复兴之基——新时代人才事业发展成就综述》，《新华每日电讯》2022年8月22日第1版。

[②] 习近平：《在中国科学院第二十次院士大会、中国工程院第十五次院士大会、中国科协第十次全国代表大会上的讲话》，《人民日报》2021年5月29日第2版。

表1-4　涉及哲学社会科学人才引进的国家重大人才工程（部分）

项目名称	责任部门	项目名称	责任部门
高端外国专家引进计划	科技部	高等学校学科创新引智计划	国家外国专家局
回国（来华）定居工作专家项目	人社部	"一带一路"教科文卫引智计划	国家外国专家局
高层次留学人才回国资助计划	人社部	国家科研平台外国专家支持计划	国家外国专家局
留学人员科技活动项目择优资助计划	人社部	与大师对话——诺贝尔奖获得者校园行项目	国家外国专家局
中国留学人员回国创业启动支持计划	人社部	文教类外国青年人才引进项目	国家外国专家局
博士后国际交流计划引进项目	人社部	部属高校学校特色项目	国家外国专家局
海外赤子为国服务行动计划	人社部	首席外国专家项目	国家外国专家局
高端外国专家项目	国家外国专家局	经济技术类青年外国专家项目	国家外国专家局
中国政府友谊奖项目	国家外国专家局	经济技术类重点外国专家项目	国家外国专家局
引进海外高层次文教专家重点支持项目	国家外国专家局	长江学者奖励计划	教育部
海外名师引进计划	国家外国专家局	中美富布赖特项目	教育部
高校国际化示范学院推进计划	国家外国专家局	中国农业科学院青年英才计划	农业农村部
海外高层次文化人才引进计划	文化和旅游部		

资料来源：综合北京、上海、广州三地人才引进相关政策文件整理而成。

一些高校在国家人才引进政策的指引下，加大海外高层次哲学社会科学人才引进力度，取得了令人瞩目的成效。例如，"十三五"时期（2016—2020年），中国人民大学作为中国哲学社会科学重要人才中心和创新高地，根据其学科布局、重点建设领域及师资现状，充分借助国家重要人才项目，大力延揽和重点引进了具有一流学术水准的海内外知名学者及具有重要国际影响力的哲学社会科学名家大师，加强了对海外优秀华人学者的吸引和培养力度，着力推进了优秀非华人学者的引进工作。以统计与大数据研究院等人才特区建设为突破口，以创建国际化示范学院为试点，面向全球重点引进了世界一流大学和研究机构的教授、副教授等中青年领军人才，以重大项目和重点学科为依托，围绕领军人才配备学术平台和学术助手，形成以领军人才为主导，相关人才为补充和配套的人才集群，培养和建设一批具有全球竞争力的顶尖创新团队，围绕一流创新团队和基地，建立健全了全球顶尖人才跨国界协同工作体制机制，[①] 进一步强化了中国人民大学哲学社会科学的学科优势和整体优势。

3. 人才培育：立足三大体系建设，人才培育体制不断完善

习近平总书记在哲学社会科学工作座谈会上明确要求，"以我国实际为研究起点，提出具有主体性、原创性的理论观点"，"推进学科体系、学术体系、话语体系建设和创新"，"构建具有自身特质的学科体系、学术体系、话语体系"[②]。加快构建中国特色、中国风格、中国气派的哲学社会科学学科体系、学术体系、话语体系（以下简称"三大体系"）是中国哲学社会科学工作者的重要使命。为了加快构建哲学社会科学"三大体系"，推动哲学社会科学人才高质量发展，中央出台了一系列政策措施。

一是巩固马克思主义理论一级学科基础地位，强化习近平新时代中国特色社会主义思想的学理化学科化研究阐释。2022年10月，党的二十大报告要求，深入实施马克思主义理论研究

[①] 中国人民大学2016年发布的《中国人民大学"十三五"发展规划（2016—2020）》。

[②] 习近平：《在哲学社会科学工作座谈会上的讲话》，《人民日报》2016年5月19日第2版。

和建设工程,加快构建中国特色哲学社会科学学科体系、学术体系、话语体系,培育壮大哲学社会科学人才队伍。①

二是聚焦高层次人才引育,培育中国哲学社会科学名家大师和领军人才。2012年,中央启动国家高层次人才特殊支持计划("万人计划"),围绕建设创新型国家的战略部署,遴选自然科学、工程技术和哲学社会科学领域的杰出人才、领军人才和青年拔尖人才,实行特殊政策、特殊支持。截至2021年,国家高层次人才特殊支持计划共遴选支持了6000余名人才,数百名青年人才成长为"长江学者"等高层次人才。② 2016年5月17日,习近平总书记在哲学社会科学工作座谈会上的讲话强调,要实施哲学社会科学人才工程,着力发现、培养、集聚一批有深厚马克思主义理论素养、学贯中西的思想家和理论家,一批理论功底扎实、勇于开拓创新的学科带头人,一批年富力强、锐意进取的中青年学术骨干,构建种类齐全、梯队衔接的哲学社会科学人才体系。③ 2022年4月,中共中央办公厅印发的《国家"十四五"时期哲学社会科学发展规划》提出,要加强新时代哲学社会科学人才队伍建设,坚持党管人才原则,实施以育人育才为中心的哲学社会科学整体发展战略,建设种类齐全、梯队衔接、结构合理、专业突出的哲学社会科学人才体系。

三是发挥高校哲学社会科学育人功能,培养哲学社会科学有用之才。2019年,教育部启动"六卓越一拔尖"计划2.0,其中新文科建设则是要推动哲学社会科学与新科技革命交叉融

---

① 习近平:《高举中国特色社会主义伟大旗帜 为全面建设社会主义现代化国家而团结奋斗》,《人民日报》2022年10月17日第2版。
② 中宣部、教育部:《面向2035高校哲学社会科学高质量发展行动计划》,《人民日报》2022年5月28日第4版。
③ 习近平:《在哲学社会科学工作座谈会上的讲话》,《人民日报》2016年5月19日第2版。

合，培养新时代的哲学社会科学家。① 2022年5月，中共中央宣传部、教育部联合印发的《面向2035高校哲学社会科学高质量发展行动计划》提出，要通过继续办好哲学社会科学教学科研骨干研修班等各级各类培训、定期开展国情调研，增强高校哲学社会科学工作者对中国特色社会主义的认同，分类建设一批高校哲学社会科学工作者教育实践基地，全面提升高校哲学社会科学人才队伍政治素养和师德修养。

4. 人才激励：实施人才的分类评价，人才激励机制持续优化

客观公允的人才评价是留住人才的前提。党的十八大以来，中央大力推进哲学社会科学人才评价机制改革，人才评价在哲学社会科学发展中的"指挥棒"作用得以更好发挥。2017年5月，中共中央在印发的《关于加快构建中国特色哲学社会科学的意见》中提出，中国哲学社会科学要"构建具有自身特质的学术评价体系，坚持正确的学术导向，以学术质量、社会影响、实际效果为衡量标准，建立科研信用管理、评价结果公布等制度，建立健全分类评价机制，科学设置考核周期，引导教学研究人员潜心钻研、铸造精品。"② 2018年2月，中共中央办公厅、国务院办公厅印发的《关于分类推进人才评价机制改革的指导意见》强调，科学评价哲学社会科学和文化艺术人才。坚持马克思主义指导地位、为人民做学问的研究立场、以人民为中心的创作导向，注重政治标准和学术标准、继承性和民族性、原创性和时代性、系统性和专业性相统一，建立健全中国特色

---

① 《教育部关于加快建设高水平本科教育全面提高人才培养能力的意见》，2018年10月8日，教育部网站，http://www.moe.gov.cn/srcsite/A08/s7056/201810/t20181017_351887.html。

② 《中共中央印发〈关于加快构建中国特色哲学社会科学的意见〉》，《人民日报》2017年5月17日第1版。

的哲学社会科学和文化艺术人才评价体系。根据人文科学、社会科学、文化艺术等不同学科领域，理论研究、应用对策研究、艺术表演创作等不同类型，对其人才实行分类评价。对主要从事理论研究的人才，重点评价其在推动理论创新、传承文明、学科建设等方面的能力贡献；对主要从事应用对策研究的人才，重点评价其围绕统筹推进"五位一体"总体布局和协调推进"四个全面"战略布局，为党和政府决策提供服务支撑的能力业绩。突出成果的研究质量、内容创新和社会效益，推行理论文章、决策咨询研究报告、建言献策成果、优秀网络文章、艺术创作作品等与论文、专著等效评价。2018年7月，中办、国办印发《关于深化项目评审、人才评价、机构评估改革的意见》，明确突出品德、能力、业绩导向，克服唯论文、唯职称、唯学历、唯奖项（以下简称"四唯"）倾向，推行代表作评价制度，注重标志性成果的质量、贡献、影响。

人才激励机制改革持续深化，中国哲学社会科学人才担当作为积极性充分调动。2016年5月17日，习近平总书记在哲学社会科学工作座谈会上的讲话强调，要完善哲学社会科学领域职称评定和人才遴选制度，建立规范的奖励体系，表彰有突出贡献的哲学社会科学工作者，增强他们的荣誉感、责任感、获得感。宣传部门、组织人事部门、教育部门和高等院校、哲学社会科学研究机构、党校行政学院、党政部门所属研究机构、军队院校等要共同努力，形成培养哲学社会科学人才的良好激励机制，促进优秀人才不断成长。[①] 2018年7月，国务院还印发了《关于优化科研管理提升科研绩效若干措施的通知》，再次强调完善有利于创新的评价激励制度，开展"唯论文、唯职称、唯学历"问题集中清理。2018年10月，科技部、教育部、人力资

---

① 习近平：《在哲学社会科学工作座谈会上的讲话》，《人民日报》2016年5月19日第2版。

源和社会保障部等部门联合印发了《关于开展清理"唯论文、唯职称、唯学历、唯奖项"专项行动的通知》，就人才项目、机构评估、基地建设等方面涉及"四唯"的做法开展专项清理，为加快建立哲学社会科学学术评价体系的多元化考核机制确立了新的导向。一份份改革文件着力破解哲学社会科学人才工作体制机制障碍，中国特色哲学社会科学人才制度优势进一步彰显。

5. 人才使用：围绕中心，服务大局，聚焦国家战略配置人才

党的十八大以来，中国哲学社会科学人才使用呈现"朝中心聚焦，为大局助力"的良好态势，国家重大战略部署到哪里，人才工作就跟进到哪里、服务到哪里。政策倾斜引导、政府购买岗位、人才对口支援、配套人才项目等独具中国特色的政策措施综合发力，有效调节了人才配置中"市场失灵"，人才分布不均衡以及城乡间人才差距等情况趋向改观，人才生态环境不断优化。

其一，乡村振兴是党和国家统筹改革开放全局实施的重大战略，为了服务乡村振兴战略，中央出台了一系列政策改进提升农村地区人才结构和人才整体受教育水平。2010—2020年，巩固发展了2334.3余万农村基层人才队伍，累计引导2000余万各类人才向艰苦边远地区和基层流动，如就业型人才包括大学毕业生以及"三支一扶"转化就业人员1400余万人、政府购买基层社会服务岗位220万个、特岗教师95.9万人、"师范生公费教育"项目约33.5万名。支援型人才如全国累计选派300多万名第一书记和驻村干部、"三区"人才计划100万名、全国科技特派员84.6万名。

2019年6月19日，中央办公厅印发了《关于鼓励引导人才向艰苦边远地区和基层一线流动的意见》，组织开展教育医疗人才"组团式"援藏援疆援青，创新博士服务团、"西部之光"访问学者选派方式，扎实推进"三区"人才支持计划，以"牵手计划"等推动东西部地区开展人才结对帮扶……引导人才扎根基层贡献才智,让更多人才下得去、待得住、干得好。2021年5月,中共中央组织部、人力资源和社会保障部等部门下发了《关于实施第四轮高校毕业生"三支一扶"计划的通知》,继续开发基层教育、社会保障等服务岗位,加大了社会工作、文化旅游、乡村规划、法律服务等乡村振兴急需岗位开发力度,为哲学社会科学人才服务基层提供了广阔舞台。①

其二,党和国家有关部门坚持以用为本的人才工作原则,引导人才投身于区域性国家重大战略。2020年8月,人社部组织实施了人才服务专项行动。其中,人才资源高效配置行动提出,更好地发挥政府的作用,规范引导地方合理引才,推动人才政策与区域发展定位、资源禀赋、产业特色相适应。围绕雄安新区、海南自由贸易港、长三角区域一体化、粤港澳大湾区等区域性国家重大战略,编制发布急需紧缺人才目录,优化人才资源行业和区域布局,为国家重大战略、重大工程项目和重大科技专项提供更加精准、科学、高效的人才供给。②

(三)哲学社会科学人才高地建设: 何以可能与评价何为

1. 新时代呼唤哲学社会科学人才高地建设

加强哲学社会科学人才高地建设,是建设哲学社会科学强

---

① 《中共中央组织部 人力资源社会保障部等十部门关于实施第四轮高校毕业生"三支一扶"计划的通知》,2021年5月28日,人社部网站,http://www.mohrss.gov.cn/xxgk2020/fdzdgknr/zcfg/gfxwj/jy/202207/t20220707_456639.html。

② 《人社部组织实施人才服务专项行动》,2020年8月27日,人社部网站,https://www.gov.cn/fuwu/2020 - 08/27/content_ 5538005.htm。

国的需要。习近平总书记在"5·17"重要讲话中指出:"一个没有发达的自然科学的国家不可能走在世界前列,一个没有繁荣的哲学社会科学的国家也不可能走在世界前列。坚持和发展中国特色社会主义,哲学社会科学具有不可替代的重要地位,哲学社会科学工作者具有不可替代的重要作用。坚持和发展中国特色社会主义,必须高度重视哲学社会科学,结合中国特色社会主义伟大实践,加快构建中国特色哲学社会科学。"① 而繁荣哲学社会科学,必须将培育造就哲学社会科学高层次人才作为工作抓手。2021年9月,习近平总书记在中央人才工作会议上强调,要培养造就大批哲学家、社会科学家、文学艺术家等各方面人才,② 高屋建瓴地提出了培育造就哲学社会科学高层次人才的战略任务,为哲学社会科学人才高地建设提供了理念遵循。

从国际比较来看,世界各国之间的综合国力竞争日益加剧,迫切要求加强哲学社会科学人才高地建设。

综合国力竞争说到底是人才竞争,拥有哲学社会科学高层次人才的规模和质量是衡量一个国家综合国力的重要指标。进入21世纪以来,世界各国对哲学社会科学人才的争夺日益加剧。2022年1月,美国政府宣布将22个专业领域归入STEM领域,以吸引大量专业领域人才留美工作,社会科学就是22个专业领域之一,这也意味着社会科学专业的学生将和其他STEM领域一起获得3年的OPT期限。③ 2017年,日本大幅度地向全

---

① 习近平:《在哲学社会科学工作座谈会上的讲话》,《人民日报》2016年5月19日第2版。
② 习近平:《深入实施新时代人才强国战略 加快建设世界重要人才中心和创新高地》,《人民日报》2021年9月29日第1版。
③ U. S. Department of Homeland Security, "DHS Expands Opportunities in U. S. for STEM Professionals", https://www.dhs.gov/news/2022/01/21/dhs-expands-opportunities-us-stemprofessionals.

球高层次人才敞开了永久居留的大门。一方面，调整积分标准并增设加分项降低高层次人才资格门槛，扩大人才认定范围；另一方面，积分达70分以上人才申请永久居留权所要求的居留时长从5年缩短到3年，80分以上的人才居留时长要求缩短到1年。① 2020年1月，英国内政部推出全球人才签证（Global Talent Visa），取代原有的杰出人才签证（Tier 1 Exceptional Talent Visa），成为英国吸引高层次人才的新计划。该签证准许学术研究和文化艺术等领域的高层次人才在英国工作长达5年，且无须提供担保人或已知工作机会。②

但是，中国哲学社会科学人才的竞争力远远难以匹配中国的国际地位。在2023年度QS世界大学学科排名体系中，中国哲学社会科学的学科排名成绩仍未能打破欧美名校的霸权地位。其中，艺术与人文（Arts and Humanities）门类，中国进入前100名榜单的高校是北京大学和香港大学（并列第34名）、香港中文大学（第50名）、清华大学（第52名）、复旦大学（第80名），前3名为欧美传统名校哈佛大学、剑桥大学和牛津大学所占据；③ 社会科学与管理（Social Sciences & Management）门类中，中国进入排名前100榜单的高校分别是北京大学（第19名）、清华大学（第28名）、香港大学（第29名）、复旦大学（第44名）、香港中文大学（第52名）、香港科技大学（第55名）、香港理工大学（第77名）、上海交通大学（第57名）、浙江大学（第72名）、台湾大学（第75名）、中国人民大学（第

---

① 《高度人材ポイント制の認定件数（累計）の推移》，法务省，http://www.moj.go.jp/content/001284800.pdf。
② 《全球人才流动趋势与发展报告（2022）》，2022年11月，全球化智库官网，http://www.ccg.org.cn/report。
③ Quacquarelli Symonds, "QS World University Rankings by Subject 2023: Arts and Humanities", https://www.topuniversities.com/university-rankings/university-subject-rankings/2023/arts-humanities? &page=0.

100名），欧美高校哈佛大学、牛津大学和斯坦福大学仍占据前三名的位置。[1] 同时，诺贝尔奖的文学奖和经济学奖分别是全球文学和经济学界的最高奖，具有较高的知名度和美誉度。诺贝尔文学奖和经济学奖得主的数量很大程度上反映了一国哲学社会科学的繁荣程度和国际影响力。而1901年诺贝尔文学奖首次颁奖以来，中国仅1人（莫言）获得，远远落后于法国（15人）、美国（13人）、英国（11人）、德国（9人）和日本（3人），在全球诺贝尔文学奖国别排名中不占优势；1969年诺贝尔经济学奖首次颁奖以来，中国至今无人斩获诺贝尔经济学奖；而以中文为出版语言，获得诺贝尔文学奖和经济学奖的哲学社会科学人才更是寥若晨星。这些情况极大限制了中国在国际社会中的美誉度和话语权，与中国作为世界工厂、GDP总量第二的经济大国的地位不相匹配。

从不同历史时期的纵向比较来看，人才常在传统中国的王朝兴衰更替中起到决定性作用。

战国时期，"贤才之臣，入楚楚重，出齐齐轻，为赵赵完，畔魏魏伤"（王充《论衡·效力篇》），而战国时期的秦国从二流大国越战越强，最后并吞六国，统一中国，也在很大程度上得益于秦国统治者长期极力引进、重用外来人才。为了团结尽可能多的力量向东扩张，秦穆公下"求贤令"，设"客卿"之官专门用于安置东方贤能之士，"位为卿而以客礼待之也"（明人严衍《资治通鉴补》），不仅"尊官""分土"，而且"委国而听之不疑"（洪迈《容斋随笔》）。秦国历代统治者承继穆公重用外来人才的政策，直到秦二世亡国方终。据清人洪亮吉统计，秦国自穆公以来引进的名士多达60余人，知名者如楚人百里

---

[1] Quacquarelli Symonds, "QS World University Rankings by Subject 2023: Social Sciences & Management", https://www.qschina.cn/university-rankings/university-subject-rankings/2023/social-sciences-management.

奚、卫人公孙鞅、魏人张仪、蔡人甘茂、魏人范雎、燕人蔡泽、赵人吕不韦、齐人蒙恬、楚人李斯、魏人尉缭等，无一例外以军事谋略见长，使秦国成为战国后期最有希望统一列国的政治力量。① 三国时期，哲学社会科学人才蔚起，涌现出了诸葛亮、曹操等众多兼通文学、军事学、政治学的顶尖人才，奠定了魏、蜀、吴三足鼎立之势。清代学者赵翼曾言："人才莫胜于三国，亦惟三国之主各能用人，故得众力相扶，以成鼎足之势。而其用人亦各有不同者，大概曹操以权术相驭，刘备以性情相契，孙氏兄弟以意气相投。"（《廿二史札记校证》）相应的是，两宋之后，中国的主流文化趋于保守，哲学社会科学人才凋敝，成为中国未能较早迈入现代化进程的重要因素之一。②

综上所述，哲学社会科学人才高地建设是中国破解新形势下国家治理和经济发展难题，实现"两个一百年"奋斗目标、实现中华民族伟大复兴的中国梦，构建全球善治新格局的迫切需要。党的十八大以来，中国特色社会主义进入新时代，中国哲学社会科学地位更加重要、任务更加繁重。新形势下，中国经济发展进入新常态、国际发展环境深刻变化，改革进入攻坚期和深水区、各种深层次矛盾和问题不断呈现、各类风险和挑战不断增多，迫切需要哲学社会科学人才更好地发挥作用，为党中央决策和国家战略提供管用有效的建设性意见。

2. 哲学社会科学人才高地建设的可行路径

（1）加快建设世界重要哲学社会科学人才高地

遵循习近平总书记关于加快建设世界重要人才中心和创新高地的重要讲话精神，加快世界重要哲学社会科学人才高地建设，

---

① 余福海：《客卿谋国：外来人才与秦国的统一大业》，《中国人才》2020年第3期。

② [美]刘子健：《中国转向内在》，赵冬梅译，江苏人民出版社2012年版；吕思勉：《中国政治五千年》，中国致公出版社2018年版。

开展相关的顶层设计和战略谋划。对标世界重要人才中心和创新高地的目标，拟定世界重要哲学社会科学人才高地的建设目标：到 2025 年，全社会哲学社会科学研发经费投入大幅增长，哲学社会科学人才队伍建设取得重要进展，哲学社会科学名家大师集聚水平明显提高，人才自主培养能力不断增强，在重点学科拥有一大批名家大师、一流领军人才和创新团队；到 2030 年，适应高质量发展的哲学社会科学人才制度体系基本形成，创新人才自主培养能力显著提升，对世界优秀人才的吸引力明显增强，在哲学社会科学传统学科有一批领跑者，在新兴前沿交叉领域有一批开拓者；到 2035 年，形成中国在哲学社会科学诸多领域人才竞争的比较优势，国家级名家大师和高水平人才队伍位居世界前列。综合考虑，可以在北京、上海、粤港澳大湾区建设哲学社会科学高水平人才高地，以具有建成潜力的哲学社会科学研究机构作为当前建设的重心，开展哲学社会科学人才发展体制机制综合改革试点，为哲学社会科学人才提供国际一流的研究和创新平台，加快构建哲学社会科学人才高地的战略支点。

（2）深化哲学社会科学人才发展体制机制改革

第一，赋权哲学社会科学人才用人主体，提高用人单位引、育、留、用哲学社会科学人才的话语权。制定行政部门下放的权力清单，支持用人单位在清单内独立行使权力，在哲学社会科学人才培养、引进、使用中起重要作用，引导用人单位建立人才为本的事业观，增强对哲学社会科学人才的服务意识和保障能力，建立有效的自我约束和外部监督机制。第二，完善哲学社会科学人才管理制度，建立信任人才、善待人才的人才管理机制。积极推进哲学社会科学人才管理"放管服"改革，完善对哲学社会科学人才的服务、支持、激励等方面的措施。遵循哲学社会科学人才成长规律和科研规律，尊重哲学社会科学人才在长周期完成创新项目和基础研究项目，赋予哲学社会科学人才更大经费支配权、更大资源调度权，进一步破除"官本位"、行政化的传统思维，做到人才为本、信任人才、尊重人才、善待人才、包容人才，优化整合哲学社会科学人才计划，助力哲学社会科学人才静心做学问、搞研究，多出精品上品、多出传世之作。第三，完善哲学社会科学人才评价体系。加快建立以创新价值、能力、贡献为导向的哲学社会科学人才评价体系，基础前沿研究突出原创导向，社会公益性研究突出需求导向，形成并实施有利于哲学社会科学人才潜心研究和创新的评价体系。面向中华民族现代文明建设的战略需求，扎实推进学部委员制度改革完善，更好发挥学部委员在科研攻关、战略咨询、学科发展和人才培养等方面的作用。

（3）加快建设国家战略哲学社会科学人才力量，引进培育哲学社会科学名家大师、领军人才和杰出青年人才

第一，大力培养使用哲学社会科学名家大师。哲学社会科学名家大师是国家哲学社会科学战略人才队伍的"关键少数"。当前，全球安全形势持续演化，大国综合国力的博弈越来越体现为软实力的竞争。哲学社会科学名家大师在国际舆论阵地具有较强的话语构建力、影响力和塑造力，是中国加强国际传播能力建设的重要力量。因此，要坚持长远眼光，适度超前布局，有意识地，创设一系列国家重大哲学社会科学项目，在实践中发现、储备和培养具有名家大师潜质的哲学社会科学高层次人才，形成哲学社会科学名家大师成长梯队。第二，打造一流哲学社会科学领军人才和创新团队。第三，造就规模宏大的哲学社会科学杰出青年人才。厚植尊贤养士之风，把培育国家战略哲学社会科学人才力量的政策重心放在哲学社会科学杰出青年人才上，重视解决哲学社会科学青年人才工作和生活面临的实际困难，让哲学社会科学青年人才安身、安心、安业。

（4）坚持聚天下英才而用之，全方位培养、引进、用好哲学社会科学人才

第一，立足中国特色哲学社会科学构建，走好哲学社会科学人才自主培养之路。培养造就一批善于思考和研究中国问题的哲学社会科学人才，立足当代中国正在经历的社会变革和创新实践，发现新问题、提出新观点、构建新理论，推进马克思主义中国化、时代化，回答好中国共产党为什么能、马克思主义为什么行、中国特色社会主义为什么好的问题。培养造就一批善于传播中华优秀文化的哲学社会科学人才，发出中国声音、讲好中国故事，不断提高国际传播影响力、中华文化感召力、中国形象亲和力、中国话语说服力和国际舆论引导力。制定实施哲学社会科学人才发展规划，为构建中国特色哲学社会科学提供坚实人才支撑。第二，实行更加积极、更加开放、更加有效的人才引进政策，精准引进急需紧缺的哲学社会科学高层次人才。结合新形势加强哲学社会科学人才国际交流，坚持全球视野、世界一流水平，千方百计引进那些能为我所用的哲学社会科学名家大师、领军人才和杰出青年人才，使更多全球思想引擎、智慧资源、创新要素为我所用。第三，加快形成有利于人尽其才的使用机制，引领哲学社会科学人才积极服务重大国家战略。对待急需紧缺的哲学社会科学特殊人才施行特殊政策，避免求全责备和论资排辈，让有真才实学的哲学社会科学人才英雄有用武之地。完善哲学社会科学科研任务"揭榜挂帅""赛马"制度，实行目标导向的"军令状"制度，鼓励哲学社会科学领军人才挂帅出征，研究实施中华文化传承发展研究阐释工程，实施好"中华文明起源与早期发展综合研究""考古中国"等重大项目，着力提高哲学社会科学人才服务党和国家工作大局的能力。

3. 哲学社会科学人才高地建设评价的意义

哲学社会科学人才的评价权是党的执政权的重要内容。党对哲学社会科学人才的评价权，一定程度上是党对哲学社会科学人才领导权的体现。中国共产党高度重视哲学社会科学人才评价。抗日战争时期，哲学社会科学是党进行社会革命的理论武器，"人们为着要在社会上得到自由，就要用社会科学来了解社会，改造社会，进行社会革命"①，革命化和人民性因此成为党中央衡量哲学社会科学人才的首要标准。毛泽东多次强调革命的、人民的知识分子对党的事业的重要意义，其中就包括哲学社会科学人才。毛泽东指出："我们尊重知识分子是完全应该的，没有革命知识分子，革命就不会胜利。"② 1942 年，毛泽东同志在《在延安文艺座谈会上的讲话》中强调："中国的革命的文学家艺术家，有出息的文学家艺术家，必须到群众中去，必须长期地无条件地全心全意地到工农兵群众中去，到火热的斗争中去。"③ 毛泽东在中国共产党第七次全国代表大会上的报告指出："为着扫除民族压迫和封建压迫，为着建立新民主主义的国家，需要大批的人民的教育家和教师，人民的科学家、工程师、技师、医生、新闻工作者、著作家、文学家、艺术家和普通文化工作者。……一切知识分子，只要是在为人民服务的工作中著有成绩的，应受到尊重，把他们看作国家和社会的宝贵的财富。"④ 解放战争中，中国共产党最大限度地保护和争取了一大批哲学社会科学顶尖人才，善于发挥他们的作用，最终取得了新民主主义革命的伟大胜利。⑤

历史上，哲学社会科学人才评价权的旁落往往昭示着人才资源将由朝廷中枢向地方实力派转移，进而导致中央权威不彰，地方尾大不掉，乃至倾覆社稷。周朝"惟官有书，而民无书；惟官有器，而民无器；惟官有学，而民无学"，"学在官府"导致官师合一、政教合一。春秋战国时期，人才评价权从周王室转移至民间，"孔、墨，布衣之士也，万乘之主、千乘之君不能与之争士"

---

① 毛泽东：《在陕甘宁边区自然科学研究会成立大会上的讲话》，载《毛泽东文集》第 2 卷，人民出版社 1993 年版，第 269 页。
② 《毛泽东选集》第 3 卷，人民出版社 1991 年版，第 815 页。
③ 《毛泽东选集》第 3 卷，人民出版社 1991 年版，第 864 页。
④ 《毛泽东选集》第 3 卷，人民出版社 1991 年版，第 1082 页。
⑤ 朱薇：《1948 年中国共产党对知识分子问题的思考》，《党的文献》2016 年第 1 期。

(《吕氏春秋·不侵》),齐国孟尝君田文养士,"孟尝君在齐固已戴震主之威名,天下知有薛,不知有齐矣"(钱穆《先秦诸子系年》卷四)。三国时期,人才评价权由地方望族掌握,汝南许劭、许靖兄弟每月一日决定一个主题,开展人物品评,对朝廷官吏的选拔产生了很大的影响,号称"汝南月旦评"。刘备称帝之后曾为此延揽许靖任司徒,"借其名以竦动宇内"(《诸葛亮集》第91章《称许靖》)。隋唐以来,科举制愈加完善,哲学社会科学人才的评价权逐步收归中央政府,传统中国集中统一的领导体制方才愈加完善。中华人民共和国成立以来,党中央高度重视哲学社会科学人才的评价权,其用意也在于加强对哲学社会科学知识分子的领导。进入新时代以来,中国哲学社会科学空前繁荣,进一步巩固完善党对哲学社会科学人才的评价体系,是强化党对哲学社会科学人才领导的题中之义,而这一工作的重中之重在于建立完善哲学社会科学人才高地建设的评价体系。

建立完善哲学社会科学人才高地评价体系,有助于选拔出具有发展势能和创新潜力的哲学社会科学杰出人才,进一步扩大哲学社会科学人才的存量,提升哲学社会科学人才的质量,为哲学社会科学强国建设奠定坚实的人才基础。综合考虑"三大体系"建设在哲学社会科学人才个体维度的要求,以同行评议、"破五维"评价、代表作评价等理念和机制为依托,综合定性和定量评价方法,从"学科支撑力、学术竞争力和话语影响力"三个方面进行指标设计,进一步完善优化"基于三大体系的哲学社会科学科研人才评价指标体系",引导哲学社会科学人才积极融入"三大体系"建设进程,深耕细作专业领域提升自身在世界哲学社会科学界的学术竞争力和话语影响力,[①] 推动哲学社会科学机构和高等院校贯彻落实更加开放包容的人才政策,不唯地域、不求所

[①] 吴田、杨佳乐:《哲学社会科学科研人才评价体系构建研究》,《中国社会科学评价》2022年第3期。

有、不拘一格，广开进贤之路、广纳天下英才。

建立完善哲学社会科学人才高地评价体系，有助于巩固完善党对意识形态领域的领导。值此百年未有之大变局，世界各国哲学社会科学界争夺国际话语权的竞争日趋激烈。意识形态领域的交锋是一场无形的战争，强化党在意识形态领域的主导权，是反制反华势力侵蚀中国意识形态阵地的应有之举。以《保卫马克思》闻名马克思主义哲学界的法国共产党员、哲学家阿尔都塞（Louis Pierre Althusser）认为，意识形态具有建构性和实践性特征，具有主体塑造和生产关系再生产的功能，意识形态国家机器的作用方式是统治阶级对意识形态的长期稳固领导。[1] 新时代哲学社会科学的繁荣必须建立在主流意识形态安全的基础之上。建立完善哲学社会科学人才高地评价体系，有助于完善党对哲学社会科学领域科研人才的政治引领，引导哲学社会科学人才坚持马克思主义的指导地位，自觉将中国特色社会主义理论体系贯穿到研究工作中。加强国情调研，为天地立心，为生民立命，传承文明，经国济民，助力中国经济社会发展领域重大现实问题的解决，建成"为党育人、为国育才""为人民做学问"的哲学社会科学人才高地。

建立完善哲学社会科学人才高地评价体系，有助于发挥哲学社会科学工作者的创新动能和干事热情，繁荣哲学社会科学，早日建设中国特色、世界一流的哲学社会科学强国。哲学社会科学人才高地在人才激励、人才支持和人才使用等维度的综合评价，是哲学社会科学人才高地评价体系的重要内容。通过优化完善哲学社会科学人才高地的评价体系，"以评促建"，助力构建科学规范、开放包容、运行高效的哲学社会科学人才发展治理体系，推进社会科学人才发展制度改革，建立完善规范有效的哲学社会科

---

[1] 陈越编：《哲学与政治：阿尔都塞读本》，吉林人民出版社2003年版，第320页。

学奖励体系，完善哲学社会科学人才按照"价值、能力、贡献"分配的机制，形成培养哲学社会科学人才的良好激励机制。接续实施"哲学社会科学创新工程"，探索实施"哲学社会科学青年学者行动计划"，加强对哲学社会科学青年人才的科研项目扶持和优秀成果奖励。加快形成哲学社会科学界人尽其才、才尽其用的良好局面，为哲学社会科学繁荣和哲学社会科学强国建设提供绵绵不绝的人才伟力。

建立完善哲学社会科学人才高地评价体系，是全面建设社会主义现代化国家和全面推进中华民族伟大复兴的迫切需要。习近平总书记在哲学社会科学工作座谈会上指出："一个没有发达的自然科学的国家不可能走在世界前列，一个没有繁荣的哲学社会科学的国家也不可能走在世界前列。"[①] 建立完善科学的哲学社会科学人才高地评价体系，有助于将哲学社会科学高层次人才的工作重心转移到解决中华优秀传统文化与当代中国马克思主义如何结合、中华民族现代文明建设如何融入国民教育、中华民族现代文明的国家传播能力建设如何加强等重大现实与理论议题的能力上来，引育一批具有国际话语权和传播力的哲学社会科学名家人师，力争多出斩获或提名诺贝尔文学奖、诺贝尔经济学奖、中国学研究"儒莲奖""列文森图书奖"、统计学"考普斯会长奖"、科幻文学"雨果奖"、政治学"约翰·斯凯特政治科学奖"等重要国际奖项的哲学社会科学上品精品和传世之作，形成一批具有国际竞争力的哲学社会科学人才高地，助力中华民族现代文明建设成为人类文明的光辉篇章，更好地完成全面建设社会主义现代化国家和全面实现中华民族伟大复兴的伟大使命。

---

① 习近平：《在哲学社会科学工作座谈会上的讲话》，《人民日报》2016年5月19日第2版。

（四）中国哲学社会科学人才高地评价维度

建立完善科学的哲学社会科学人才高地评价体系的关键是探究哲学社会科学人才高地建设的评价规律，研析哲学社会科学人才高地建设的评价维度。基于哲学社会科学人才高地建设评价维度的学理分析，剖析哲学社会科学人才高地建设的动力机制，厘清哲学社会科学人才高地建设的微观变量，为哲学社会科学人才高地建设提供路径参考和价值指引，助力哲学社会科学人才高地建设，进而繁荣中国哲学社会科学。

综观目前国内外已有的人才评价成果，专门针对哲学社会科学领域的人才评价比较匮乏，谈及科研人才，政策注意力更多地集中于自然科学技术人才身上。2016年5月，习近平总书记在哲学社会科学工作座谈会上首次明确了"加快构建中国特色哲学社会科学"的重大论断和战略任务，并指出哲学社会科学是人们认识世界、改造世界的重要工具，是推动历史发展和社会进步的重要力量。其发展水平反映了一个民族的思维能力、精神品格、文明素质，体现了一个国家的综合国力和国际竞争力。2022年，党的二十大报告首次将教育、科技、人才统筹推进，聚焦教育的基础性作用，坚持教育优先发展；聚焦人才的主体性支撑，实施人才引领驱动；聚焦科技的动力源助推，强化科技自立自强；强调深入实施马克思主义理论研究和建设工程，加快构建中国特色哲学社会科学学科体系、学术体系、话语体系，培育壮大哲学社会科学人才队伍。而培育壮大哲学社会科学人才队伍的关键在于建立完善的哲学社会科学人才高地建设评价体系。

综合中国社会科学评价研究院自行研制的《人文社会科学期刊评价》（GB/T 40108—2021）和《人文社会科学智库评价指标体系》（GB/T 40106—2021）两项国家标准和中国社会科学评价研究院的前期研究成果，本书设计的哲学社会科学人才高地建设评价维度如下。

本书将围绕指标体系从人才高地吸引力、人才高地管理力、人才高地影响力三个维度展开具体评价分析。吸引力、管理力与影响力三者密切相关，构成相互联动、循环攀升、彼此赋能的关系。各级指标的释义和彼此间的逻辑关系将在接下来的各章节中予以系统阐释。

表 1-5　　中国哲学社会科学人才高地评价维度

人才高地吸引力	人才吸引条件	成长发展环境
		服务保障条件
	人才聚集程度	顶尖人才聚集
		领军人才聚集
		高素质青年人才聚集
	人才队伍素养	高水平人才比重
		人岗匹配程度
人才高地管理力	思想政治引领	意识形态底线
		思政组织建设
		思政知识生产
	科研诚信规范	
	发展平台支撑	一流学科
		一级学会
		高水平期刊
		重点基地（实验室）
		高端智库
		特色数据库
	管理制度创新	人才制度体系创新
		人才培养机制创新
		人才激励机制创新
		人才评价机制创新
		人才流动机制创新
		经费管理制度创新

续表

人才高地影响力	学术影响力	学术原创能力
		高质量研究成果产出
	政策影响力	高质量咨政成果产出
		参与咨政类活动
		标识性概念解读
	社会影响力	人文素养塑造
		舆论引导
	国际影响力	高质量外文成果产出
		主办或参与国际活动

对标习近平总书记在中央人才工作会议提出的2035年人才队伍建设目标，以及当前的中国哲学社会科学人才高地建设现况，本书主要聚焦中国的哲学社会科学高水平机构，总结中国哲学社会科学人才高地的建设经验，分析中国哲学社会科学人才高地的评价规律。随着评价研究的深化和案例数据的丰富，研究团队将逐步向世界一流的哲学社会科学人才高地评价研究拓展。

二 中国哲学社会科学人才高地建设现状

2002年5月，中共中央印发的《2002—2005年全国人才队伍建设规划纲要》提出实施人才强国战略。2007年，人才强国战略作为发展中国特色社会主义的三大基本战略之一写入《中国共产党章程》和党的十七大报告。2017年，党的十九大报告将人才强国战略确定为决胜全面建成小康社会需要坚定实施的七大战略之一。随着人才强国战略的实施，中国已基本建成一支规模庞大、结构优化、素质优良的人才队伍，人才总量达到2.2亿人。

《中华人民共和国国民经济和社会发展第十四个五年规划和2035年远景目标纲要》提出"进一步激发人才创新活力"的要求，这是党中央立足中国人才队伍"大而广""多而全"的特征，聚焦人才队伍建设做出的前瞻性部署。2022年，党的二十大报告指出"深入实施人才强国战略"，进一步为中国深入实施新时代人才强国战略指明了方向。全面贯彻新时代人才工作新理念新战略新举措，深化人才发展体制机制改革，加快建设国家战略人才力量，形成具有吸引力和国际竞争力的人才制度体系，打造一大批一流科技领军人才和创新团队，成为新时代人才队伍建设的迫切任务。

（一）中国总体人才队伍发展现状

1. 人才队伍总量快速提升

围绕"人才强国"战略中国进行了国家层面的顶层设计和

系统规划，通过不同类型政策工具的搭配使用，实现对各类型人才队伍建设的全方位、立体化支持，形成了以党政人才、企业经营管理人才、专业技术人才、高技能人才、农村实用人才、社会工作人才等为主体的人才队伍，根据教育部等部委公开数据资料测算，截至2022年年末，人才总量分别达到1300余万人、5000万人、8000万人、6000万人、2300万人、160万人。随着人才国际化和开放水平的显著提升，一批复合型、高层次、通晓国际规则的适应对外开放的人才不断涌现。2009—2019年，中国出国留学人数总数为70.35万人，处于持续增长状态，根据教育部统计数据，2022年中国留学人员总数突破80万人大关。疫情后海外留学生回流趋势显著增强，2020年中国出国留学生学成回国人数为77.7万人，同比增长33.9%，其中应届留学生人数猛增67.3%。2021年回国就业学生首次超过百万人，达到104.9万人，同比增长35.0%。

2. 人才队伍创新创业能力显著提升

加强创新型、国际型、紧缺高端型人才培养，实施产学研合作培养创新人才，成为中国当前创新型科技人才培养的重要模式。产学研战略联盟建设稳步推进，建立了超过130家产业技术创新战略联盟和38家协同创新中心。科技创新平台蓬勃发展，建立了114家大学科技园，形成了国家级、省级和校级"三位一体"格局。众创空间服务初创企业功能不断增强，已成立6959家众创空间，年均增速超过20%。科技创新与服务能力显著提高，2010—2019年科技企业孵化器由896家增长到5206家，年均增速超过20%，年均组织创业培训约215万人次，历年企业申请专利占比均超过80%。中国总体创新能力水平再上新台阶，2019年高校毕业生创业率超过发达国家的近一倍；2017年每万劳动力中研发人员达48.5人年，比2010年增长14.9人年，超出2020年规划目标5.5人年；全球创新指数排名从 2015 年的第 29 位跃升至 2023 年的第 12 位。2021 年，中国研发人员总量为 572 万人年，是 2012 年的 1.8 倍，稳居世界首位。每万名就业人员中，研发人员数由 2012 年的 43 人年提高到 2021 年的 77 人年。中国内地入选世界高被引科学家数量从 2014 年的 111 人次，增长到 2022 年的 1169 人次，世界顶尖科技人才加速涌现。[①]

3. 人才发展生态环境不断优化

评价激励、收入分配、科研管理、成果转化等科技体制改革取得阶段性成效，作风学风建设和科技伦理治理不断建立健全，创新生态得到优化。破除人才评价中"五唯"（唯论文、唯帽子、唯职称、唯学历、唯奖项）不良倾向，逐步确立以品德、能力和贡献为导向的人才评价和利益分配标准。深化科技领域"放管服"改革，逐步扩大科研机构用人自主权和科研人员对人财物的自主支配权。增加对基础研究、前沿技术研究、社会公益研究等领域的投入力度，2010—2019 年，基础研究经费规模增长了 3 倍之多，达到 1335.6 亿元，全社会研发投入总量占比由 4.6% 增至 6.0%，人均基础研究经费提高至 34.0 万元/人年，较 2010 年翻了一番。科技部数据显示，中国全社会研发经费自 2012 年突破 1 万亿元后逐年增长，到 2022 年突破 3 万亿元，位居全球第二，2022 年研发投入强度首次突破了 2.5%，基础研究投入连续逐年超过 6%。青年科研人员工作及生活条件持续优化，越来越多的青年人才在科技创新一线"冒尖"，培养造就中青年学术技术带头人的"百千万人才工程"，2018 年年末入选者已达到 5700 多人，提前完成了人才工程总体目标。"人才公共服务体系"不断健全，满足人才多样化需求，人才服务行业

[①] 《我国研发人员总量稳居世界首位》，《人民日报》2023 年 2 月 23 日第 2 版。

的机构数量、从业人数、营收水平逐年上升。截至2022年年底，全国已有各类人力资源服务机构6.3万家，从业人员104万人，年营业收入达2.5万亿元，全年共为3亿人次劳动者和5268万家次用人单位提供了专业服务。以猎头为代表的高端业态快速发展，与经济高质量发展相匹配的高级人才培训、寻访、测评等业务得以迅猛发展。"要素集成＋科技服务"推动人才服务产业园特色化发展。

4. 人才分布不均衡情况趋向改善

中国持续推进人才区域合理布局以及教育科研资源均衡布局，通过协调发展战略促进区域经济协调发展，缓解区域间、城乡间人才不均衡情况。在政策倾斜引导、政府购买岗位、人才对口支援、配套人才工程项目的"四轮驱动"下，东中西部地区人才分布不均衡情况趋向改善、农村地区人才结构和人才整体受教育水平显著提升、城乡间人才差距日益缩小。本书参照农业农村部以及各口径的农村基层人才流动情况测算，农村基层人才队伍总量超过4000余万人，2010—2020年实现新增2000万人才供给，助力区域协调发展、全面建成小康社会。2020年，中国实现9899万农村贫困人口全部脱贫，创造世界减贫历史奇迹。根据《中国统计年鉴（2022）》数据测算，华北地区5省份、东北地区3省份、华东地区7省份、中南地区6省份、西南地区5省份、西北地区5省份的劳动年龄人口受高等教育比例分别达到27.74%、21.73%、22.41%、19.37%、17.96%、22.34%。从高学历人才、技术人才以及工程技术人员占区域就业人口比重来看，华北、华东和华南地区虽仍高于中西部地区和东北地区，但情况较以前已有所改善。

5. 人才的科研产出水平显著提升

随着改革开放步伐的加快，经济社会快速发展为科学事业提供了强大支撑,顺应时代发展需求教学科研体制持续变革,人才的创新活力得到有效激发,学术成果产出显著提升。根据《科学技术指标(2022)》,中国论文总量由1982年的0.6%增长至2020年的28.1%,位居全球首位。成果质量也有显著提升,例如被引前10%、前1%论文占比持续保持增长,2020年全面超越美国雄踞世界首位。2020年世界产权组织公布中国国际专利申请量首次超越美国跃居世界第一,《中国科技人才发展报告(2022)》更是指出,中国研发人员全时当量由2012年的324.7万人年提高至2022年的635.4万人年,稳居世界第一,科技进步贡献率则由2012年的52.2%,提高至2021年的60%以上。

表2-1　　　　　　　　部分国家论文总量占比　　　　　　　(单位:%)

	中国	日本	美国	德国	法国	英国	韩国
1982年	0.6	6.3	35.1	7.9	5.5	8.3	0.1
1983年	0.7	6.3	35.2	7.8	5.4	8.3	0.1
1984年	0.7	6.5	35.0	7.7	5.4	8.3	0.1
1985年	0.8	6.7	35.1	7.8	5.5	8.3	0.1
1986年	1.0	7.1	35.0	7.9	5.6	8.4	0.1
1987年	1.1	7.3	34.9	7.9	5.7	8.3	0.2
1988年	1.3	7.6	34.9	7.9	5.7	8.2	0.2
1989年	1.4	7.7	34.9	7.9	5.7	8.1	0.2
1990年	1.5	8.0	35.0	7.9	5.8	8.1	0.3
1991年	1.6	8.2	35.1	7.9	5.9	8.2	0.3
1992年	1.7	8.5	35.2	7.9	6.0	8.3	0.4
1993年	1.8	8.7	34.8	7.9	6.2	8.5	0.5
1994年	2.0	8.8	34.2	8.0	6.3	8.6	0.7

续表

	中国	日本	美国	德国	法国	英国	韩国
1995 年	2.2	9.0	33.3	8.1	6.3	8.6	0.8
1996 年	2.5	9.1	32.6	8.4	6.4	8.6	1.1
1997 年	2.8	9.4	32.2	8.6	6.5	8.6	1.3
1998 年	3.1	9.6	31.8	8.9	6.5	8.7	1.5
1999 年	3.5	9.8	31.6	8.9	6.5	8.8	1.7
2000 年	4.1	9.8	31.4	8.9	6.5	8.7	1.9
2001 年	4.6	9.8	31.2	8.8	6.4	8.6	2.1
2002 年	5.2	9.7	31.0	8.7	6.3	8.4	2.3
2003 年	6.0	9.4	30.8	8.5	6.1	8.2	2.6
2004 年	7.0	9.1	30.5	8.3	6.0	8.0	2.8
2005 年	8.0	8.6	30.1	8.2	5.9	7.9	2.9
2006 年	8.9	8.2	29.4	8.0	5.8	7.8	3.0
2007 年	9.7	7.7	28.7	7.8	5.7	7.7	3.1
2008 年	10.5	7.3	28.0	7.7	5.7	7.5	3.2
2009 年	11.3	7.0	27.5	7.6	5.6	7.3	3.4
2010 年	12.4	6.7	27.0	7.6	5.5	7.2	3.6
2011 年	13.5	6.4	26.7	7.5	5.4	7.2	3.7
2012 年	14.9	6.1	26.2	7.4	5.3	7.1	3.8
2013 年	16.5	5.9	25.8	7.3	5.2	7.0	3.8
2014 年	18.2	5.6	25.4	7.2	5.1	7.0	3.9
2015 年	19.8	5.5	25.1	7.1	5.0	7.1	3.9
2016 年	21.2	5.4	24.8	7.1	5.0	7.2	3.9
2017 年	22.9	5.3	24.5	7.0	4.9	7.2	3.8
2018 年	25.0	5.1	23.8	6.8	4.7	7.1	3.8
2019 年	26.8	5.0	23.0	6.6	4.5	7.0	3.8
2020 年	28.1	4.8	21.9	6.4	4.3	6.9	3.7

注：全领域、整数计数法、3 年移动平均值。

资料来源：根据科学技术指标 2023（HTML 版）统计整理。

表2-2　　　　　　　部分国家论文Top10、Top1占比　　　　　（单位:%）

	Top10 论文数占比							Top1 论文数占比						
	日本	美国	德国	法国	英国	中国	韩国	日本	美国	德国	法国	英国	中国	韩国
1982年	5.3	56.5	5.7	4.3	10.9	0.3	0.1	4.0	62.4	5.1	3.9	11.0	0.2	0.0
1983年	5.4	56.5	5.8	4.4	10.8	0.3	0.1	4.0	63.0	5.0	3.9	11.2	0.3	0.0
1984年	5.6	56.3	5.9	4.5	10.9	0.4	0.1	4.1	63.2	5.0	4.1	10.9	0.3	0.1
1985年	5.7	56.2	6.0	4.7	10.7	0.4	0.1	4.3	63.6	5.0	4.3	10.7	0.3	0.1
1986年	5.8	56.1	6.0	4.9	10.5	0.5	0.1	4.3	63.7	5.2	4.3	10.6	0.4	0.1
1987年	6.0	56.2	6.1	5.1	10.2	0.5	0.1	4.4	64.0	5.4	4.3	10.5	0.3	0.0
1988年	6.1	56.2	6.2	5.2	10.0	0.6	0.1	4.5	63.7	5.7	4.3	10.4	0.5	0.0
1989年	6.2	56.2	6.3	5.3	9.8	0.7	0.2	4.7	63.9	5.9	4.6	10.1	0.5	0.0
1990年	6.2	56.0	6.6	5.4	9.7	0.7	0.2	4.8	63.3	6.4	5.0	10.0	0.5	0.1
1991年	6.3	55.6	6.8	5.5	9.9	0.8	0.3	5.0	62.9	6.5	4.9	10.3	0.5	0.2
1992年	6.4	54.8	7.2	5.8	10.0	0.8	0.3	5.4	62.2	6.9	5.1	10.6	0.6	0.2
1993年	6.6	53.7	7.5	6.1	10.2	0.9	0.4	5.6	61.6	7.2	5.5	10.7	0.7	0.2
1994年	6.6	52.6	7.8	6.3	10.3	1.0	0.5	5.6	61.1	7.5	5.8	10.7	0.7	0.3
1995年	6.7	51.6	8.2	6.4	10.5	1.1	0.6	5.6	60.6	7.8	6.2	10.8	0.8	0.3
1996年	6.9	50.5	8.6	6.6	10.8	1.3	0.7	5.7	59.8	8.1	6.6	11.3	0.9	0.3
1997年	7.1	49.7	9.1	6.8	11.0	1.6	0.8	6.0	59.3	8.5	6.7	11.8	1.2	0.4
1998年	7.2	48.9	9.5	7.0	11.2	1.9	1.0	5.9	58.7	8.9	6.8	12.2	1.4	0.5
1999年	7.3	48.5	9.7	7.1	11.3	2.2	1.2	5.9	58.0	9.3	6.6	12.5	1.7	0.7
2000年	7.3	48.0	9.8	7.0	11.3	2.6	1.4	5.9	57.2	9.8	6.8	12.7	1.9	0.9
2001年	7.3	47.6	9.8	7.0	11.3	3.2	1.6	6.0	56.5	10.0	6.7	12.8	2.5	1.1
2002年	7.2	47.2	9.8	7.0	11.2	3.8	1.7	6.1	56.3	10.1	6.7	12.8	3.2	1.3
2003年	7.0	46.8	9.8	6.9	11.1	4.6	1.8	5.9	56.3	10.1	6.6	12.8	3.9	1.5
2004年	6.8	46.3	9.8	6.9	11.0	5.4	2.0	5.9	55.5	10.3	6.9	13.1	4.6	1.7
2005年	6.5	45.4	9.8	6.9	11.1	6.3	2.0	5.7	54.7	10.6	7.3	13.2	5.3	1.7
2006年	6.2	44.4	9.9	6.9	11.2	7.3	2.1	5.6	53.3	11.0	7.6	13.6	6.0	1.7
2007年	6.0	43.5	9.9	7.0	11.4	8.3	2.2	5.4	52.8	11.2	7.6	13.9	6.7	1.7
2008年	5.7	42.8	10.0	7.1	11.4	9.4	2.3	5.2	52.2	11.4	7.8	14.2	7.9	1.9
2009年	5.5	42.4	10.1	7.2	11.4	10.5	2.5	5.1	52.2	11.7	8.1	14.4	9.2	2.1
2010年	5.3	41.8	10.3	7.2	11.5	11.9	2.7	5.1	51.8	12.1	8.3	14.5	10.6	2.5

续表

	Top10 论文数占比							Top1 论文数占比						
	日本	美国	德国	法国	英国	中国	韩国	日本	美国	德国	法国	英国	中国	韩国
2011 年	5.2	41.3	10.4	7.1	11.6	13.4	2.9	5.1	51.2	12.4	8.2	15.1	12.2	2.8
2012 年	5.0	40.5	10.4	7.1	11.7	15.3	3.0	5.1	50.4	12.3	8.4	15.5	14.2	3.2
2013 年	4.8	39.7	10.3	7.0	11.8	17.3	3.1	5.0	49.5	12.4	8.5	16.0	16.4	3.4
2014 年	4.6	38.9	10.2	6.9	12.0	19.5	3.2	5.1	48.7	12.6	8.7	16.3	18.8	3.5
2015 年	4.5	38.0	10.1	6.8	12.2	21.7	3.3	5.2	47.7	12.7	8.7	16.7	20.9	3.5
2016 年	4.4	37.2	10.0	6.7	12.3	24.2	3.3	5.4	46.9	12.9	8.8	17.1	24.1	3.7
2017 年	4.3	35.9	9.8	6.5	12.2	27.3	3.4	5.2	45.8	12.5	8.6	16.7	28.0	3.9
2018 年	4.2	34.2	9.4	6.1	11.8	30.9	3.5	5.4	44.1	12.4	8.3	16.3	32.6	4.1
2019 年	4.0	31.8	9.0	5.8	11.4	33.4	3.5	5.1	40.0	11.2	7.7	15.2	37.0	4.2
2020 年	3.8	29.5	8.5	5.4	10.9	35.8	3.6	4.9	37.1	10.9	7.2	15.0	39.4	4.2

注：全领域、整数计数法、3 年移动平均值。

资料来源：根据科学技术指标 2023（HTML 版）统计整理。

（二）中国哲学社会科学人才队伍发展现状

习近平总书记在哲学社会科学工作座谈会重要讲话中指出，"我国哲学社会科学有五路大军"，主要包括高等院校、党校（行政学院）、部队院校、科研院所、党政部门研究机构在内的哲学社会科学工作者。有研究表明，后"四路大军"人才队伍数量之和不及高校的 20%。[①] 由于这些领域的哲学社会科学工作者所属机构性质比较多元，譬如科研院所，既有独立的科研机构，又有高等院校（包括部队院校）以及政府所属的科研机构。因此按机构领域划分的哲学社会科学人才队伍，目前尚无全面、完整、权威的统计数据。此外，如果从广义的人文社会科学研究领域来看，那么智库研究机构、新闻出版、文化文艺

---

① 周晔、严书倜：《高校哲学社会科学高质量发展的生态营造》，《北京教育（高教）》2023 年第 6 期。

等领域也应纳入其中，这更造成了统计数据重叠、不准确。

因此，为了更好地把握中国哲学社会科学人才队伍的状况，本书主要按照哲学社会科学人才在繁荣哲学社会科学事业中的作用，划分为哲学社会科学科研、教学科研、宣传文化、咨询服务以及军队系统等类别，分析介绍相关人才队伍的发展现状。

1. 哲学社会科学科研人才队伍的现状

哲学社会科学研究是在科学理论指导下并遵循研究程序，对哲学社会科学领域的理论与实践问题进行本质、规律等的探索，在推动人类文明和社会进步的过程中发挥着重要作用。因此，哲学社会科学科研人才队伍是解决中国问题、构建有中国气派和中国风格的中国特色哲学社会科学体系的重要智力支持，对于促进全面发展、推动社会进步具有重大现实意义。

当前，中国哲学社会科学科研人才队伍主要集中于高校系统、社会科学院系统、党校（行政学院）、党政部门所属研究机构以及军队系统的科研机构。2020年，全国哲学社会科学工作办公室组织实施了全国性社会科学研究大调研，是迄今中国较权威的调研统计。因此，本部分主要依据全国哲学社会科学工作办公室调研数据对中国哲学社会科学科研人才队伍进行分析。总体来看，近年来中国哲学社会科学科研人才队伍不断壮大、素质不断提升、结构不断优化，重点研究机构不断扩大，科研成果数量和质量稳步提升，夯实了中国哲学社会科学人才高地建设的基础。

（1）哲学社会科学科研人才队伍壮大优化

一是哲学社会科学研究人员总量显著提升，2020年全国哲学社会科学工作办公室数据显示，较2016年共增长约14%。其中民办哲学社会科学研究机构增长速度最快，人数从0.5万人增长至5.8万人，涨幅约为10.6倍。二是人才结构有了改善。截至2020年，全国中级职称以上哲学社会科学研究人员超过

51.3万人，其中在职人员43.3万人，退休人员2.2万人，民办机构5.8万人。正高级、副高级以及中级职称科研人才所占比重分别为17.15%、35.09%以及47.76%。博士生导师为2.8万人，硕士生导师为11.4万人，具有博士学位的为15.6万人。初步形成了哲学社会科学理论与应用研究的精兵队伍、尖兵队伍以及梯队化队伍，为建设人才高地铸就了坚实基础。三是学科分布较为均衡。人文科学领域为20.9万人（59.82%）、社会科学领域为30.4万人（40.18%），马列·科社、应用经济、法学、中国文学、外国文学、语言学、教育学、艺术学、体育学、管理学10个学科研究人员均超过2万人。

（2）人才支撑平台进一步丰富

一是重点科研机构显著增长，2020年，全国各级各类重点研究机构和人员数量分别为3640家和14万人，同2016年相比均呈增长态势，研究机构总量约增长81%，研究人员总量约增长180%。其中，教育部人文社会科学重点研究机构510个，其他部委重点研究机构454个，省级人文社会科学重点研究基地1357个，其他省级重点研究机构1319个。二是全国各级各类项目来源广泛。2016—2020年，全国各级各类项目总量呈逐年递增态势，年均增长率约为10%。在总计70万项科研项目中，由国家社会科学基金、国家自然科学基金、教育部、相关部委、省（区、市）社会科学基金等资助的纵向项目达50万项，企事业单位委托、自筹经费、港澳台地区合作等横向项目超过20万项。三是以重点科研机构和科研资助项目为核心的人才支撑平台，有力支撑和推动了哲学社会科学人才成长，重点科研机构逐渐形成阶梯式合理、有效的布局，与中国高校机构相辅相成，中央和地方的各类科研资助项目形成了多层次和多元化的体系，相互补充、相互促进，科研资源合理配置以及科研共享效能最大化。

（3）研究成果产出丰硕

2016—2020年，哲学社会科学工作者聚焦新时代重大理论和实践问题，聚焦学科学术发展重大基础性前沿性问题，围绕党和国家中心工作及战略需求建言献策，推出了一大批有思想含量、学术分量、对策质量的研究成果，全国社会科学研究单位高质量研究成果累计超过100万项。一是成果类别丰富，学术专著10.4万部，核心期刊论文63万篇，研究报告18.9万篇，专利5.3万项，软件著作权2万项，建成数据库接近1万个。二是研究主体多元，高校系统高质量研究成果数量达82.2万项，社会科学院系统7.2万项，党校（行政学院）系统3.5万项，党政部门所属研究机构3.9万项，军队系统1.9万项。

表2-3　　　2016—2020年全国高质量研究成果数量汇总

	学术专著数	核心期刊论文数	研究报告数	获得专利数	软件著作权数	建成数据库数
高校系统	90705	565676	113206	53123	19213	8162
社会科学院系统	5780	23507	38611	11	33	88
党校行政学院系统	4321	15324	12133	17	24	70
党政机构所属研究机构	2303	15923	18437	124	621	209
军队系统	1748	9087	6193	142	125	77
合计	104857	629517	188580	53417	20016	8606

资料来源：全国哲学社会科学工作办公室2020年度全国社会科学调研资料。

2. 哲学社会科学教学科研人才队伍的现状

加快构建中国特色哲学社会科学，归根结底是建构中国自主的知识体系，推进中国人才自主培养。高校和党校（行政学院）是中国哲学社会科学领域最重要的人才教学培养力量，发挥着认识世界、传承文明、育人树人等培养功能，更发挥着理论研究、咨政建言、服务社会等作用。这些高等教育机构聚集了全国80%以上的社会科学力量，成为繁荣发展哲学社会科学的主力军。

(1) 高校哲学社会科学教学科研人才队伍成为人才高地的主要力量

百年大计、教育为本。高校作为中国哲学社会科学"五路大军"中的重要力量,在培育壮大哲学社会科学人才队伍后备力量、建设哲学社会科学人才高地中发挥着重要作用。高校教学科研队伍不仅承担着育人育才的功能,而且还大量从事着学科、研究、专业、课程一体化建设工作,目前高校哲学社会科学队伍已经形成了具有创新型、复合型、应用型的教学科研力量,综合实力、核心竞争力和社会贡献力显著提高。

截至2022年5月31日,全国高等学校共计3013所,其中,普通高等学校2759所,含本科院校1270所、高职(专科)院校1489所。根据日本《各国教育统计》(2023年版),[①] 中国高等教育机构中2020年专任教师总数为185.2万人,其中教授24.4万人、副教授55.7万人、讲师70.7万人、助教19.3万人。行政管理辅助人员总计84.9万人,其中行政管理职员38.2万人、教辅职员23.3万人、事务性人员12.6万人、附属研究机构职员4.6万人、其他6.3万人。

随着高校哲学社会科学繁荣计划深入实施,高校哲学社会科学人才队伍素质不断提升、结构不断优化,重点研究机构不断扩大,科研成果数量和质量稳步提升,服务经济社会发展实现新突破,国际影响更加广泛,夯实了中国哲学社会科学事业繁荣发展的基础。

①哲学社会科学专业化队伍持续优化

高校哲学社会科学队伍是中国最重要的哲学社会科学力量。截至2021年年底,高校哲学社会科学队伍共计89.7万人,比2012年(48.2万人)增长约46%。其中,具有博士学

---

① https://www.mext.go.jp/b_menu/toukei/data/syogaikoku/1415074_00019.htm.

位的有 20 万人，约占总人数的 22%，比 2012 年（6.8 万人）增长约 66%；44 岁及以下青年学者 59.3 万人，占比约为 66%。哲学社会科学人才队伍呈现出高学历、年轻化趋势，为中国人才高地建设后备人才培养提供了有效支撑。以高校思想政治教学研究队伍为例，截至 2021 年年底，全国高校已经拥有 1440 余所马克思主义学院，其中，重点马克思主义学院 37 所。全国马克思主义理论一级博士点，由 39 个增至 104 个、一级硕士点由 129 个增至 279 个，学位点数量位居各学科前列。高校思政课专兼职教师超过 12.7 万人，较 2012 年增加 7.4 万人，高校马克思主义理论学科专业本硕博在校生达 6.2 万人，基本达到师生比 1：350 的要求。专职思政课教师年轻化成为人才队伍发展的新态势，49 岁以下教师占 77.7%，具有高级职称的占 35%。

②学科布局更加完善

根据《学位授予和人才培养学科目录》，中国高校哲学社会科学队伍已经全部涵盖哲学、经济学、法学、教育学、文学、历史学、管理学、艺术学 8 个学科门类、28 个一级学科。在学科体系建设方面，哲学社会科学基础学科、优势特色学科不断强化，更多具有中国特色的哲学社会科学学科专业获得蓬勃发展，例如前述的马克思主义学科体系建设不断建优建强，高校思想政治理论课改革创新和课程思政建设得到系统推进。此外，跨学科跨领域的哲学社会科学创新平台建设取得突破，一批高水平、有特色的高校哲学社会科学重点研究基地相继建成。截至 2021 年年底，中央财政累计投入计划专项资金 47.9 亿元，支持设立教育部哲学社会科学各类研究项目 3.6 万余项，布局建设教育系统习近平新时代中国特色社会主义思想研究院（中心）4 家、教育部人文社会科学重点研究基地 151 个、教育部哲学社会科学实验室 30 个、各类协同创新中心 40 家，8 家高校智库入选国家高端智库行列。

③研究实力不断提升，高层次成果不断涌现

在学术体系建设方面，高校哲学社会科学队伍始终秉承发展中华优秀传统文化与理论创新相结合的理念，围绕经济社会发展重大理论和实践问题研究，以及治国理政新理念新思想新战略开展研究，高校哲学社会科学服务经济社会发展的能力不断增强。2012—2021年，围绕疫情防控、共同富裕、"一带一路"建设等重大问题开展咨政建言，向各级政府部门、企事业单位提交研究咨询报告21.8万余篇；高校科学研究优秀成果奖（人文社会科学）共评选出获奖成果3277项，部分研究成果填补了国内外研究空白。作为哲学社会科学的重要队伍，高校哲学科学人才队伍不断提炼出有学理性的新理论，概括出有规律性的新实践，打造出承载中华文化、中国精神的价值符号和文化产品，推动哲学社会科学学术进步，并为构建有效提升国家文化软实力的学术体系发挥了重要作用。特别是在话语体系建设方面，通过广泛实施高校哲学社会科学话语体系创新行动，进一步增强了中国学术话语的时代性、鲜活性，中国话语的国际传播得到有效加强，高校哲学社会科学教学科研人员参加各类国际交流活动约56.8万人次，参加国际合作项目9079个，有4084部以中国学者为第一作者署名的著作被翻译成外文，融通中外、开放自信的话语体系基础进一步筑牢。

④高校哲学社会科学高质量发展改革不断深化

建设哲学社会科学人才高地，关键是推动高校哲学社会科学高质量发展，构建种类齐全、梯队衔接的哲学社会科学人才体系。2022年，中宣部、教育部联合印发了《面向2035高校哲学社会科学高质量发展行动计划》，围绕高校哲学社会科学事业高质量改革发展做出中长期规划，提出了以育人育才为中心、体系构建为主线、能力提升为重点、深化改革为动力，全面落实"立足中国、借鉴国外，挖掘历史、把握当代，关怀人类、面向未来"的总体思路。高校不断加大人才培育力度，全面提升高校哲学社会科学人才队伍政治素养和师德修养，完善人才培养选拔和管理机制，依托高端专业智库、重点研究基地、重大研究项目，培养造就具有过硬政治素质、强烈家国情怀、厚重学术底蕴、宽广国际视野的名师大家、学科带头人、学术骨干。譬如很多高校加强可持续发展的人文社会科学学科群建设机制，建立人文社会科学学院等，搭建跨院系、跨学科学术平台，促进人文社会科学学科间的交叉与融合，推动高质量研究成果的孵化与产出，培育具有全球视野、引领社会发展的高层次创新型人才，推动新发展阶段高校哲学社会科学高质量发展，为提升国家综合国力和国际竞争力、建设社会主义现代化国家、构建人类命运共同体提供重要战略支撑。

（2）党校教学科研人才队伍成为培养理论与领导人才的重要力量

党校发展历史最早可追溯到1933年瑞金的马克思共产主义学校，在社会主义革命和建设时期初步建立全国党校教育网络。随着1977年中央党校复校，地方党校也相继重启。1994年9月，国家行政学院正式成立，成为培训公务员、培养公共管理人员和政策研究人员、开展社会科学研究和决策咨询的重要阵地，各地方行政学院也先后创建。为全面加强党对干部培训工作的集中统领导，统筹谋划干部培训工作，统筹部署重大理论研究，进入21世纪以来，各地方探索整合党校和行政学院，随着2018年机构改革中共中央党校和国家行政学院合并组建中央党校（国家行政学院），各地党校、行政学院相继整合为新的党校，很多地方还将社会主义学院等整合在内，"政治学院"以及"联合党校"特色日益鲜明。党的十二大后，中央相继印发《关于实现党校教育正规化的决定》《中共中央关于面向21世纪加强和改进党校工作的决定》《中国共产党党校工作条例》《行政学院工作条例》，党校（行政学院）事业不断走向科学化、制度化。[①]

[①] 社会主义学院是中国共产党领导的统一战线性质的政治学院，是民主党派和无党派人士的联合党校，是开展党的统一战线工作的重要部门。

按照类别划分，党校包括国家级中央党校（国家行政学院）1 所，各省区市党委的省级党校（行政学院）34 所，地县级行政区党校 2000 余所，以及中央部委、军队（战区、集团军等）、央企（总部、省市级）、高校等党校，如农业部党校、国家税务总局党校、中国铁路总公司党校等。行政干部学院也包括三类：一是中国浦东干部学院、井冈山干部学院、延安干部学院、全国宣传干部学院、网络干部学院等国家级学院；二是部门承办的干部学院，如中国教育干部网络学院、中国环境管理干部学院、中国民航管理干部学院、中国旅游管理干部学院、中国海关管理干部学院等；三是各条战线举办的各类学校，如财政干校、供销干校、银行干校等，也属于干部学院性质。

2018 年，中央将中央党校和国家行政学院的职责整合，组建新的中央党校（国家行政学院），各级党校（行政学院）也实现了资源整合、优势互补；2019 年，中央颁布《中国共产党党校（行政学院）工作条例》，为提升党校（行政学院）工作科学化、制度化、规范化水平提供了重要保障。目前，基本上在县级以上构建了"一级党委一所党校（行政学院）"体制，总数（狭义统计）约为 3000 所，[①] 人才队伍总量为 10 余万人。

党校（行政学院）的政治学院特点鲜明，以为党育才、为党献策为核心使命，按照新时代党校办学治校高质量发展的内在要求推动人才队伍建设快速发展，在坚持党的思想路线、推进党的理论创新、推动党和国家各项事业发展方面发挥了重要作用。

一是党校（行政学院）人才队伍建设的重点是教师队伍建

---

① 全国党校（行政学院）系统有 34 家省级党校（行政学院），15 家副省级城市党校（行政学院），还包括 2000 多家市县级党校（行政学校），以及系统党校。

设。习近平总书记指出，"党校教师是我们党直接掌握的一支教师队伍，是我们党一支不可多得的理论力量"，"党校不是一般学校，党校教育培训对象不是一般学生，这样的'不一般'对党校师资的要求也不一般"。党中央在加强党校师资队伍建设上深远布局，2015年，《中共中央关于加强和改进新形势下党校工作的意见》特别提出要实施党校系统"名师工程"；2016年，中央党校成立全国党校教师进修学院，这是加强党校教学科研队伍培养的重要举措。各级党校（行政学院）牢固树立人才是第一资源的理念，深入实施人才强校战略，创新管理体制机制，加强专业技术人员的动态管理，不断增强人岗适应度和匹配度，实现由身份管理向岗位管理转变，不断探索党校教师绩效工资动态增长机制、开辟县级党校教师参评正高职称政策通道、提高教师引进待遇并实行预聘制等，逐步形成有利于人才培养和事业发展的良好用人机制。此外，党校还加大了与知名高校科研机构、机关企事业单位学习以及锻炼、强化青年教师培养，形成科学合理的人才梯队，打造了一支数量充足、结构优化的高素质教师队伍。

二是强化人才培养功能。为党育人，是党校的独特价值所在。党校作为锤炼党性的"大熔炉"，坚持党校姓党的导向，在人才建设工作中，旗帜鲜明地把党性要求融入党校人才选育管用全过程和各方面，党校科学设置专业课程，综合运用案例教学、情景模拟、结构化研讨、学员论坛、经验交流、实地调研等多种方式，把党性教育作为教学的主要内容，不断改进教学方法，融通教育资源，深入研究党性教育内在规律，探索全周期、全链条教育模式，把党性教育贯穿教学和管理全过程，引导和推动领导干部不断提高思想觉悟、精神境界、道德修养，树立正确的权力观、政绩观、事业观，"培养造就堪当民族复兴重任的执政骨干队伍"。例如，党的十八大以来，中央党校举办的主体班次共培训轮训干部8.8万人，其中省部级干部1.3万余人。为党育人，是党校的独特价值所在。①

三是完善哲学社会科学教育与研究布局，强化干部理论武装和党性修养。中央党校侧重于党性教育、党委领导能力培训，国家行政学院主要着眼于行政管理能力和依法执政能力的教学与培养，因此整合后的新党校实现了优势互补，形成了党史教研、党建教研部、经济学、法学、公共管理等复合型教研型人才队伍。党的十八大后，党中央深化推进新时代党校工作改革创新，支持党校启动实施教学和智库建设创新工程。各级党校以学习研究阐释习近平新时代中国特色社会主义理论体系为中心，围绕推动理论创新、科学把握时代特征和国际形势、提升应对复杂局面能力等科学进行教学布局，建立完善的教材体系。例如，中央党校（国家行政学院）坚持以习近平新时代中国特色社会主义思想为教学中心内容和首要任务，按照"总论＋分论＋专题"的课程设计，形成"1＋16＋X"课程体系，突出党的理论教育和党性教育主业主课地位；推出《习近平新时代中国特色社会主义思想基本问题》重点教材和反映习近平总书记成长历程的系列采访实录；深化对习近平新时代中国特色社会主义思想的学术学理研究；组建教学学术委员会、科研学术委员会，提高教学科研工作的规范化水平。

四是服务大局的使命担当显著提升。加强重大现实问题研究是党校为党献策的重要内容。党校和行政学院合并重组后，特色学科有所增加、研究领域有所扩大，形成了有利于发挥智库作用的新优势。党校运用新时代中国特色社会主义思想的世界观、方法论和贯穿其中的立场观点方法，深化事关经济社会、政治文化和党的建设的重大战略课题研究，围绕重大国家战略成立党校（行政学院）智库联盟，积极开展前瞻性、政策性、

---

① 习近平：《在中央党校建校 90 周年庆祝大会暨 2023 年春季学期开学典礼上的讲话》，《求是》2023 年第 7 期。

应用性研究，推动全国党校（行政学院）系统提升科研和决策咨询水平，在执政规律、建设规律、社会发展规律等方面建言献策。特别是在助力学习贯彻新发展理念、脱贫攻坚、抗击新冠疫情、开展党史学习教育、主题教育等重点任务中，党校系统更是发挥了宣传阐释的排头兵作用。

总体来看，党校（行政学院）哲学社会科学人才队伍建设顺应新时代干部教育培训事业发展的要求，形成了一支政治素质过硬、理论功底深厚的教学型、研究型以及智库型的党校（行政学院）哲学社会科学教学研究队伍，切实发挥了干部培训、思想引领、理论建设、决策咨询作用，在培养造就忠诚干净担当的高素质专业化干部队伍中发挥了重要作用。当然，党校（行政学院）哲学社会科学人才队伍需要根据党校以及教育培训对象等的特殊属性，把理想信念和政治标准置于首要和根本的位置，探索建立符合党校（行政学院）特色的教学科研队伍管理体系，进一步完善教学科研队伍的培养机制，积极引进高端人才、拔尖人才，解决好在党的创新理论研究宣传阐释、意识形态领域斗争等方面的作用发挥，决策咨询人才梯队建设，以及党校（行政学院）与决策部门、科研机构之间人才流动，决策咨询相关的成果转化、考核评价等，党校（行政学院）系统综合协作等机制建设问题。

3. 哲学社会科学咨询服务人才队伍的现状

恩格斯指出："一个民族要想站在科学的最高峰，就一刻也不能没有理论思维。"[①] 人类社会的重大跃进与发展都离不开哲学社会科学的知识变革和思想先导。党的二十大宏观展望了中国式现代化的战略安排，重点部署了未来五年的战略任务和重大举措。在实现中华民族伟大复兴的历史进程中，哲学社会科

---

① 《马克思恩格斯全集》第 20 卷，人民出版社 1971 年版。

学人才队伍更要发挥其认识世界、传承文明、创新理论、咨政育人、服务社会的重要作用，为中国特色社会主义提供强大的理论支撑和智力支持。决策科学化、民主化是现代经济结构和社会结构高度复杂化的必然要求，而哲学社会科学人才是推进党和国家决策科学化、民主化的重要力量，可为决策部门提供综合性的知识基础和理论依据，为各级各类决策提供直接的咨询服务。

除了科研机构、高校、党校（行政学院）等哲学社会科学人才队伍提供决策咨询服务，党政部门研究室以及各类智库等决策咨询机构的哲学社会科学人才队伍，专司政策研究、建言献策、信息反馈以及预测等功能。

（1）党政部门政研人才队伍

党政部门政研人才队伍主要是指通过立法或者行政组织条例组建的党委、政府系列决策咨询机构所属的哲学社会科学人才队伍。这类决策咨询机构多以党政机关决策咨询部门的形式存在，为各级党委政府领导层提供决策服务，具有显著的"内脑"智库属性。例如，中央层级的中央政策研究室是中共中央政策研究和咨询机关。国务院研究室作为国务院办事机构，承担综合性政策研究和决策咨询任务。国务院发展研究中心是从事综合性政策研究和决策咨询的国务院直属事业单位，为党中央、国务院提供政策建议和咨询意见。此外，还有各中央政府组成部门设立的研究室、研究院等机构。而在省地县级行政区，党委、政府通常都设立独立的政研机构，党委所属的通常叫作政策研究室，政府所属的通常为政府研究室，另外还包括各级人大、政协等成立的政研部门。[①] 截至 2021 年年末，中国共有

[①] 2015 年 6 月，中共中央转发《中共全国人大常委会党组关于加强县乡人大工作和建设的若干意见》，县区人大常委会相继设立了研究室，配备专业人员促进县区人大理论研究。

34个省级、333个地级、2843个县级行政区划，全国党政系统各类政研机构有1万余家，粗略估算政研人才队伍总量为20余万人。

政研人才所属机构，在单位性质上是党委政府下设的从事党政事业综合发展研究和政策决策咨询的行政机构，是党委和政府的"智囊团"和"参谋部"，具有极强的政治机关属性，因此政研人才队伍所承担的职能主要包括起草党政部门工作报告、重要文件以及讲话，对重要思想理论问题和重大决策的可行性分析，追踪分析研判思想理论动态、经济社会发展等重要信息等，为各级党政部门决策提供建议和咨询。人员配置方面主要由公务员和事业编制人员共同组成，高学历人才相对集中、人才专业性特点突出、创新驱动因素较强。

政研人才队伍由于业务工作的特殊性，从知识结构来看，政研人才队伍知识结构主要集中在中文、法律、哲学等人文社会科学类，自然科学类等相关专业背景的人才较少。研究室干部普遍学历较高，很多地方党政部门都将研究室人才纳入急需紧缺和高层次人才工作计划进行引进，研究生学历占比不断提高。随着人才引进以及干部培养力度的加强，政研人才队伍能力素质不断提升，干部队伍知识结构正在完善，逐步形成了既有较高的业务水平也有较高政策理论水平的较高综合素质的复合型政研人才队伍，成为党委政府研究政治理论、政策及文件草拟、研究分析情况并制定与贯彻执行政策的重要助手。

政研人才队伍"智库"功能发挥不断扩大，在宏观层面出思想、中观层面出思路、微观层面出点子。在研究领域方面，政研人才以研究回答重大理论和实践问题为主攻方向，推出大量对指导和推动实践具有重要作用的研究成果，政研人才队伍最主要的特点是通过文稿文件起草等将决策与咨询结合起来，将综合研究基础上的前瞻思考、全局战略、长远规划等进行咨政建言。自主或者联合相关部门和科研院所，广泛围绕经济、政治、生态、社会、文化、党建等领域开展调研，以专报等内部渠道直接提供决策咨询服务，研究成果转化水平以及研究成果的机制和平台成熟通畅。

政研人才队伍还广聚各领域人才，随着党政部门人才干部流动的加强，政研人才流转有所畅通，吸纳各界专家学者智囊参与政策研究以及各项改革工作机制的系统集成能力有所加强，公务员编制与事业编制相结合、职务与职级并行、决策研究专业技术职务评定等政研人才激励措施逐渐完善，通过各种载体的历练，政研干部队伍逐渐成为为党委政府培养和输送人才的"蓄水池"。

政研人才队伍的发展建设还存在改进之处。由于各地经济发展水平以及各地政研工作基础的差异，政研人才队伍发展水平差异较大，部分地区政研人才队伍局限于"秘书""笔杆子"功能定位，而作为新型决策咨询的"智库"功能与定位并不明晰，决策咨询成果未能引起党政部门足够的重视。因此，政研人才队伍需要进一步提升决策咨询的能力和水平。受制于体制内的组织机制、财政管理模式，政研人才队伍的决策咨询研究独立性和自主性较低，受到决策者的行政约束和思想引导的影响很大，难以独立自主地选取研究课题、实施调查研究。地方政研人才队伍在统筹地方新型智库体系的协调机制方面存在不足，存在决策咨询课题重复研究、缺乏核心载体等问题。此外，还存在人才流转不畅、"旋转门"的作用尚未充分发挥，以及研究成果二次转化运用、内部研究成果对外公开的社会影响力十分有限。

（2）智库机构咨询服务人才队伍

据不完全统计，窄口径统计中国拥有智库3000家，宽口径统计智库机构要达到3万家之多，智库机构涵盖从中央到省市地方，类型涉及党政部门、社会科学院、党校（行政学院）、高校、企业、媒体等。智库咨询服务人才队伍既包括在政府和有关决策部门的工作者，及高校与科研机构从事决策咨询研究工作的研究人员，还包括辅助开展智库活动的专家等。根据智库人才队伍所在机构的类型，智库人才队伍可以分为党政部门智库专家、社会科学院智库专家、高校智库专家、科研院所智库专家、军队智库专家、企业智库专家等。这支人才队伍具有一定的学术和决策影响力，以学术研究为基础，面向政府决策需求，开展创新性、开拓性、系统性决策咨询研究活动。目前，这些智库机构逐渐成为理论创新和咨政建言的学术高地、高端人才聚集和高水平人才培养的重要基地以及舆论引导和对外交流的重要阵地。

当前对于中国智库人才数量并没有专门的统计数据，与智库人才队伍研究也多是以案例研究为主。《光明日报》与南京大学共同建设的 CTTI 数据库，是目前公开数据库中较为详尽的统计。截至 2020 年 11 月底，CTTI 来源智库已经达到 940 家，其中高校智库 663 家，党政部门智库 71 家，社会科学院智库 51 家，党校（行政学院）智库 46 家，社会智库 39 家，科研院所智库 36 家，传媒智库 15 家，企业智库 13 家，军队智库 6 家。从区域分布来看，华北、华东、华中地区来源智库分别占 36%、26%、11%，其余地区来源智库数量相对均衡。

表 2-4　　　　　　　中央层级智库建设相关政策

	发文机构	年份	内容
《关于加强中国特色新型智库建设的意见》	中共中央办公厅 国务院办公厅	2015	加强智库人才队伍建设，要把人才队伍作为智库建设重点，实施中国特色新型智库高端人才培养规划；推动党政机关与智库之间人才有序流动；深化岗位聘用，职称评定等面向智库人才的人事管理制度改革，完善以品德，能力和贡献为导向的人才评价机制和激励政策
《国家高端智库管理办法（试行）》	中央宣传部	2015	坚持人才为先，凝聚一流研究队伍；积极推动形成党政机关和智库间人才有序流动的"旋转门"机制

续表

	发文机构	年份	内容
《关于深化"互联网+先进制造业"发展工业互联网的指导意见》	国务院	2017	建立工业互联网智库，形成具有政策研究能力和决策咨询能力的高端咨询人才队伍
《"十四五"全民医疗保障规划》	国务院办公厅	2021	加强医疗保障人才队伍建设，培养高素质专业化人才，鼓励高等院校、科研院所等与医疗保障部门开展合作，加强智库建设和人才支撑
《中国特色新型高校智库建设推进计划》	教育部	2014	发挥人才关键作用，培养和打造高校智库队伍
《国家民委民族工作智库建设规划（2016—2020年）》	国家民族事务委员会	2016	培养国家民委民族研究优秀中青年专家队伍
《关于社会智库健康发展的若干意见》	民政部、中央宣传部、中央组织部等九部门	2017	完善社会智库人才政策，加强队伍建设
《关于促进交通运输新型智库发展的实施意见》	交通部	2018	完善交通运输新型智库发展激励机制，提高决策咨询类成果在智库研究人员考核评价中的权重，作为其岗位聘用、职称评定，薪酬分配，表彰奖励等方面的重要参考依据
《中国科协决策咨询发展"十四五"规划（2021—2025年）》	中国科协	2021	实施科技智库青年人才计划，支持青年科技人才积极开展决策咨询研究，为党和政府科学决策建言献策，促进青年咨询人才队伍培养
《国家新闻出版署关于实施出版智库高质量建设计划的通知》	国家新闻出版署	2022	培养壮大一支坚持正确政治方向，具有较高理论水平，富有创新精神的智库专家队伍，形成结构合理、优势互补、功能齐备，适应行业所需的出版智库方阵和人才高地

续表

	发文机构	年份	内容
《关于中央企业新型智库建设的意见》	国资委	2023	创新智库人才机制。持续提升人才队伍总体素质，推动构建专职研究人员、杰出人才和领军人物构成的智库人才梯队；探索"横向破圈、纵向贯通"的智库人才培养体系，加大对中青年骨干人才培养力度，形成中央企业智库"人才雁阵"。构建开放、竞争、流动的智库人才格局，建立智库人才引进"绿色通道"和人才"旋转门"机制，鼓励智库人才与政府部门、中央企业之间的双向流动

资料来源：笔者根据公开资料整理。

CTTI 来源智库拥有专职研究人员 3122 人，兼职研究人员 12608 人，产出成果 178505 项，举办/参加活动 28642 场。在 CTTI 已收录专家中，智库人才队伍专家库呈现如下特征。智库专家团队规模适度，年龄呈现正态分布特征，40—50 岁的专家人数最多。兼职专家中最庞大的群体是中年专家，约占 48.2%；全职专家则以青年群体为主，约占 50.4%。人才学历分布呈现"倒金字塔"形，全职专家中博士学历人员占比约为 83%，兼职专家中博士学历人员占比约为 78%，硕士和学士仅占小部分，人才专业主要集中在人文社会科学领域，研究涉及数十个领域，其中产业、金融、文化、财政、外交是较为热门的研究领域，自然科学领域学科智库专家数量有待提升。经济学、法学和管理学领域智库人才占比分别为 25%、22.9% 和 17.6%。其次是文学、工学和教育学，占比均为 6%—7%；其他学科专家所占比例较小。

2015 年，中国发布《关于加强中国特色新型智库建设的意见》后，智库迎来了高速发展阶段，各类智库专家人才队伍优势和亮点突出，依据专业领域深厚的知识积累和研究功底，推动智库高质量成果产出。主流智库拥有政府资源以及人才队伍优势，是决策咨询的主要力量。国家高端智库人才队伍层级高、咨政建言渠道以及能力突出，在智库建设中发挥着引领示范作用，将服务中央决策作为中心任务，研究项目以全国范围内的重大战略问题为主。党政部门智库包括中央政府所属研究机构，省市县党委和政府研究室，人大、政协、党群机关以及省市综合行政部门所设立的研究机构。除了政研人才队伍分析的情况外，党政部门智库比较分散且规模不一，党政研究机构除了承担各级党委、政府的研究课题等，还承担着行政职能事务。除了少部分大型研究机构以外，大部分机构并未形成社会影响力较强的专业性研究团队。党校（行政学院）类智库除中央层级以及个别省级党校外，智库人才队伍规模和层级、影响力有限，对所在地党委政府的从属性、依赖性较强，研究内容以地方和系统内部的课题为主，其特点在于拥有独特的学员资源、渠道资源和系统优势。国属研究机构智库门类多以事业单位形式出现，如社会科学院、农科院、林科院等，研究机构门类齐全，覆盖面宽，涉及各领域，专业性强，在行业领域内具有极高的影响力。而高校智库拥有人才、学科和科研平台的优势，高层次人才富集，智库人才群体基数大，学科健全、专业性较强，研究中心和院所多样。民间智库作为中国特色新型智库的组成部分，开展着多元化的咨询服务以及智库产品供给，是推进中国政府决策民主化和科学化的重要力量。除少数资金充裕的民间智库外，大部分民间智库存在着人才队伍建设难题。民间智库人才队伍主要依托社会各界力量、整合各界的智力资源为政府决策服务，这也是其具有不同于主流智库受限于行政隶属关系而人才整合力不足的特点。

根据 CTTI 的统计分析，中国智库人才队伍主要围绕宏观经济、产业金融、农业与农村、公共安全、国家和社会治理、国际关系与外交等重点领域开展研究，成果数量和质量高企。截至 2020 年 11 月 30 日，CTTI 收录的成果条目共 178553 项，其中论文 90296 项，占成果总量一半左右，其次分别为项目、报纸文章、报告和内参成果。各类课题项目累计30092项,纵向项目数量远超横向项目。各类活动总数28644项,活动类型主要为会议、培训、考察调研和接待来访四类。会议占比最大,累计数量远超其他三类。其中,国内会议数量远高于国际会议。此外,智库人才队伍还为高层次人才培养发挥了巨大作用,34.4%拥有招收硕士生或博士生的资格,197家智库设立了博士后流动站。

智库人才队伍建设中也存在一些不足,例如主流智库人才身份行政化,智库与政府部门之间"旋转门"机制尚不畅通,人才流动性不足,考核评价制度重理论、轻实践等无法满足智库人才队伍建设发展的需要,复合型的智库学者数量不足等。

4. 哲学社会科学宣传文化人才队伍的现状

习近平总书记指出,中国特色哲学社会科学应该涵盖历史、经济、政治、文化、社会、生态、军事、党建等各领域,囊括传统学科、新兴学科、前沿学科、交叉学科、冷门学科等诸多学科,不断推进学科体系、学术体系、话语体系建设和创新,努力构建一个全方位、全领域、全要素的哲学社会科学体系。思想文化宣传队伍无疑也是哲学社会科学队伍的重要力量,在用党的理论创新成果武装全党、教育人民,营造积极健康向上的思想文化氛围、传递正能量,推动社会主义文艺繁荣发展、培育和践行社会主义核心价值观,用中国理论讲述中国故事等方面发挥着极其重要的作用,新时代宣传文化队伍建设事关党的前途命运、事关国家长治久安、事关民族凝聚力和向心力。

在实际工作中,文化名家暨"四个一批"、青年文化英才、名家名师计划、"十百千万"项目等,都将宣传文化系统纳入哲学社会科学领域人才计划或项目中。也就是说,包括宣传文化战线在内的哲学社会科学工作者都是先进思想的倡导者、学术研究的开拓者、社会风尚的引领者、党执政的坚定支持者。因此，除了通常认知的高校系统、社会科学系统等哲学社会科学五路大军，本书特将宣传文化系统这支哲学社会科学重要人才力量作为分析对象。中国宣传文化队伍主要包括新闻出版队伍、文化文艺工作队伍等，相关工作通常由党和国家宣传领导部门组织、指导和协调。

（1）新闻出版系统人才队伍

党的十八大以来，新闻出版人才队伍进入深化发展阶段。随着新媒体日新月异的发展，传统新闻出版从业人员数量与新媒体从业人员数量此消彼长。人才队伍建设进入由量的增长向质的飞跃的转折期，总量规模变化不大，甚至部分领域如报刊从业人员数量有所下降。根据《中国新闻事业发展报告》（2022年发布），2020年报纸出版业共有从业人员17.1万人，与2019年相比下降6.6%。2017年、2018年、2019年报纸出版业从业人员分别为20.6万人、19.3万人、18.3万人，就业人数连续4年下降。

但从业人员整体学历水平明显上升，从业人员大多具备初中级、高级专业技术职称，基本素质有了比较明显的提高。硕士学历成为大多数国有新闻出版单位招聘的门槛。人才结构更为优化，人员分布较为多元，复合型、专业型、数字化、国际化人才紧缺的局面有所改善。例如，2020年年底，在全国广播电视从业人员的101.10万人中，专业技术人员占比51.82%，研究生及以上学历有6.20万人，本科及大专学历有78.86万人，大专及以上学历人员占比84.13%。从年龄来看，35岁以下人员为44.65万人、占比44.16%，36—50岁人员为43.48万人，51岁及以上人员为12.97万人。截至2021年12月，持有有效新闻记者证有194263名，本科学历占76.38%、硕士学历占11.96%、博士学历占0.41%。在年龄分布方面，30岁以下的占7.27%、30—40岁的占38.59%、40—50岁的占33.73%、50岁以上的占20.41%。从媒体分布来看，报纸从业人员为

70131 人，期刊为 4333 人，通讯社为 2919 人，电台、电视台和新闻电影制片厂为 94370 人，新闻网站为 3285 人，融媒体中心为 19225 人。

在文化强国战略引领下，新闻出版人才队伍建设也在媒体融合发展、需求变化背景下持续推动变革发展。一是持续完善业已形成的本、硕、博新闻出版教育培养体系，推动一级学科建设，推动政产学研融合完善新闻出版人才在岗培养机制，提供高质量的研究成果、培养时代英才。二是创新新媒体背景下新型人才的培养模式。例如，2020 年，人社部等公布了全媒体运营师、互联网营销师、互联网应用操作员、在线学习服务师等新职业。三是聚焦打造高质量新闻出版智库，强化新闻出版理论、政策和实践研究，推出更多高水平智库成果。例如，2023 年，出版智库高质量建设计划已经纳入 27 家出版智库，涵盖高校出版院系、出版企业研究部门、出版领域专门研究机构等多种类型。宣传系统的著名智库——光明智库，是《光明日报》整合报社研究力量、联系全国智库机构组建的新型智库平台。光明智库通过《智库》周刊、智库专家深度访谈专栏、《光明智库》电子期刊、《光明日报》内参、光明网、"两微一端"等渠道发布国内智库重要研究成果，开展咨政研究、进行智库研究与评价、发布智库成果、举办相关活动，光明智库已经组建了权威高端的专家团队，并与南京大学合作开发"中国智库索引"CTTI。

新闻出版系统人才队伍正在实现从规模效应向强调人才质量转变，向培养领军人才等高层次人才以及急需紧缺人才方向发展。但是，新闻出版人才队伍也面临着严峻的挑战。随着新型媒体的发展以及人工智能技术的广泛运用，传统新闻出版人才的需求进一步减少，不同宣传出版媒体人才结构变化的不均衡有可能加剧，"事业单位，企业化管理"的运行机制使得人事管理、薪酬绩效管理等受到事业体制的硬制约，人员的多元

"多轨制"管理在激发人才创新活力方面还有很大的改进空间。

（2）文化文艺系统人才队伍

中国文化事业人才队伍不断壮大，人才队伍的实践技能水平不断提高，新兴文化产业领域的新型人才大量涌现，文化人才队伍逐步成为知识密集特色鲜明的群体，推动中国文化事业和文化产业快速发展、现代文化产业体系和公共文化服务体系不断升级，通过以文"化"人功能的发挥为提升国民素质和社会文明程度夯实基础。

文化从业人员总量与覆盖率不断增长。目前，中国文化文艺事业从业者约为1350万人。从文联系统统计口径看，截至2021年6月底，各级文联组织的个人会员队伍达到427.54万人。组织覆盖不断扩大，在全国347个地市级行政区文联覆盖率已经达到99.7%，在全国2844个区县级行政区域中文联覆盖率已经达到78.4%。文化系统人才队伍覆盖范围广泛，《中华人民共和国文化和旅游部2022年文化和旅游发展统计公报》显示，2022年年末，中国拥有各类艺术表演团体19739个，从业人员为41.52万人，比2021年年末减少3.81万人；美术馆有718个，从业人员为6415人，增加166人；公共图书馆有3303个，从业人员为60740人，增加1439人；群众文化机构有45623个，全国群众文化机构从业人员为195826人，增加5819人；全国文物机构从业人员为19.03万人，增加0.88万人。

人才结构逐步改善。全国文化系统高级职称人员占比不断提高。例如，公共图书馆系统具有高级职称人员7850人，占12.9%；中级职称人员19103人，占31.5%。群众文化机构具有高级职称人员7868人，占4.0%；中级职称人员18262人，占9.3%。文物机构高级职称12757人，占6.7%；中级职称24129人，占12.7%。文联国家级个人会员达到13.58万人，特别是"文艺两新"和青年文艺工作者人数众多。

文化人才队伍培养力度不断加强。高级专家队伍进一步壮大，青年优秀人才不断成长。大量人才获得"国家有突出贡献的中青年科学、技术、管理专家"等荣誉称号，享受政府特殊津贴。2022年，国家社会科学基金艺术学项目重大项目立项18个、年度项目立项219个，部级社会科学研究项目立项51项，实施"2022年度文化和旅游系统青年科研人才扶持计划"项目36个，首批19家行业智库建设试点单位全面开展智库建设。推进实施国家文化数字化战略，认定12个国家旅游科技示范园区，资助14个文化和旅游部重点实验室研究项目推进实施文化和旅游领域国家重点研发计划。

在广大文化人才队伍的努力下，文化产业化有效推进，文化市场繁荣发展，文化产业对GDP增量的年平均贡献率由2004—2012年的3.9%，提升至2013—2018年的5.5%。文化产业集群趋势明显，文化骨干企业数量大幅增加，文化产业园区和基地规划建设稳步推进。特别是现代公共文化服务政策体系日趋完善，基本公共服务均等化水平不断提升，文化"软实力"建设促进中华文化"走出去"，中国特色话语体系得到显著提升。文化人才队伍为国民素养提升做出了巨大贡献。中国梦和社会主义核心价值观更加深入人心，爱国主义、集体主义、社会主义思想广泛弘扬，向上向善、诚信互助的社会风尚更加浓厚，国民思想道德素质、科学文化素质、健康素质明显提高，全社会法治意识不断增强，2020年公民科学素质指标达到10.56%。

党的二十大对"繁荣发展文化事业和文化产业"做出部署，强调"培育造就大批德艺双馨的文学艺术家和规模宏大的文化文艺人才队伍"。文化人才是推动社会主义文化事业发展的重要因素，因此，未来中国人才队伍建设需要打造高水平文化文艺教学研究平台，重视文化的传承与创造性转化和创新化发展，形成融理论、研究、实践、技能于一体的人才成长模式，特别是要求适应新型媒介生态环境，以数字为支撑着力培养全媒体时代的文化文艺人才，跨界融合与协同培育优秀青年人才以及复合型文化文艺人才，重点造就一支以高层次人才为核心的文化艺术专业人才队伍，通过这些在表演艺术、美术创作、文艺理论研究、文化科研等方面专业拔尖、成绩突出的文艺名家和学科带头人带动整个文化人才梯队建设，使他们成为21世纪文化战线的领军人物。此外，文化领域仍需继续推进体制和机制创新，深化文化事业人事制度改革，加大职称制度改革力度，逐步建立科学的社会化人才评价体系，形成重实绩、重贡献、向优秀拔尖人才和核心专业技术岗位倾斜的灵活多样的分配激励机制，促进各类文化人才合理流动。实现文化人才资源市场化配置。

5. 军队系统哲学社会科学人才队伍的现状

军队哲学社会科学工作是整个哲学社会科学工作的重要组成部分，是军队思想政治建设的重要阵地。军队系统哲学社会科学人才队伍广泛分布在军事科学院等科研院所、部队院校、部队政工部门以及军队文职人员队伍中，而部队院校以及军事科学院等科研机构是哲学社会科学领域人才最密集的地方。

由于军队工作的特殊性，目前尚无公开的准确统计数据。目前哲学社会科学人才队伍主要集中在部队院校以及军事科学院等科研机构，主要包括军委直属院校2所、武警部队院校7所、军兵种院校35所共44所院校以及军事科学院，他们承担着加强军事理论创新、加强国防科技创新、加强军事科研工作组织模式创新等职责，围绕军事、科技等重大问题开展教学以及决策咨询研究。

随着中国特色社会主义进入了新时代，我国的国防和军队建设也步入新时代的伟大变革时期。习近平总书记提出加强军事人才培养、健全新型军事人才培养体系要求；党的十八届三中全会将健全军队院校教育、部队训练实践、军事职业教育三位一体的新型军事人才培养体系写入中央决议；2020年9月，中央军委印发《关于加快推进三位一体新型军事人才培养体系建设的决定》。因此，深化哲学社会科学研究、科学把握人才强军实践的存在问题成为关系军队建设全局和长远发展的重要事情。

在党中央以及军委的高度重视下，军队哲学社会科学工作者已经成为先进思想的倡导者、学术研究的开拓者。

一是研究领域特色鲜明。哲学社会科学人才队伍注重运用哲学社会科学推动军事思想理论研究，为军事科学提供科学的方法论，揭示军事与政治、经济、文化等社会诸因素的本质联系，特别是面对新形势从军事的本质机制及其规律、军事认识的形成与机制、军事的价值及其实现、正确指导军事行动、掌握与运用军事哲学方法等诸多方面提升军事思维能力。

二是以问题意识前瞻思维促进哲学社会科学创新。军队哲学社会科学人才队伍着眼于世界政治、外交、军事领域的热点和焦点，以广阔的视野和开拓创新精神对可能前景进行研判，指导军队建设以及改革强军。近年来，军队哲学社会科学人才队伍建设先后实施中央马克思主义理论研究和建设工程重大项目、党的军事指导理论研究工程、习近平强军思想系列研究、新时代强军研究等重要理论研究工程，对于系统阐释党的军事指导理论最新成果、填补院校教育教材空白具有重要意义。同时，促进理论传播与学习方式的转变，在纸质化传统传播方式外研发多种新媒体产品，建强哲学社会科学网络阵地。

三是汲取优秀哲学社会科学智慧推动学科建设。深刻解读历史性变革中所蕴藏的内在逻辑，揭示历史性成就背后的中国特色社会主义道路、理论、制度、文化优势，把传统研究与现实军事实践结合起来，探索理论武装的新特点新规律、新手段新方法，让理论转化为战斗力。为国家安全工作述学立论、建言献策，推动军事学、国家安全学的融合发展，增强学科创新发展的系统性，逐步构建起自主的军事学体系，新时代中国特色社会主义思想理论、马恩列斯军事理论、毛泽东军事思想理论等课程体系逐步健全。譬如，2020年在交叉学科门类下正式设立国家安全学一级学科，国家安全学一级学科博士和硕士学位授权培养单位以及其他一些院校纷纷设置国家安全学专门学术机构，专业人才队伍开始形成规模，涌现出一批在国家安全学领域具有较深学术造诣的专家学者，部分院校已形成比较系统的国家安全学课程体系，国家安全学教材和相关专著陆续出版，许多国家安全重大问题智库类成果为服务决策发挥了积极作用。

四是人才队伍建设布局更加优化。党的十八大以来，随着军队人才工作契合军队组织形态重塑、力量运用方式转变实际，军队哲学社会科学人才队伍在军队院校教育、部队训练实践、军事职业教育三位一体新型军事人才培养体系中，推动人才领域军民开放融合育才用才，以联合作战指挥人才、新型作战力量人才、高层次科技创新人才、高水平战略管理人才建设为重点带动哲学社会科学人才队伍建设水平整体跃升。人才队伍积极开展教学以及国家安全重大科研课题研究，在教学科研中不断培养创新精神，增强创新思维，形成了数量充足、门类齐全、满足军队系统需求的优秀人才库。以文职人员队伍为例，军队系统开始成体系编配文职人员，文职人员数量规模不断扩大、来源类型日趋多元。2018年以来已面向社会招录10余万名，哲学社会科学领域人才招录比例逐年提高，其中2022年硕士研究生以上学历岗位需求占36%，文职人员"双向代职"锻炼、"军队优秀文职人员发展支持计划"等项目培养了一批复合型文职人员。

以军事科学院为例，军事科学院作为中国军事科学研究的最高殿堂，既是首批国家高端智库试点单位，也是全军军事科学研究的拳头力量，发挥党中央、中央军委的思想库、智囊团作用。2017年军事科学院吸收合并了数十家科研单位（如四总部下属的科研院所等），与原先的6个研究部（中心）合并调整为全新的战争研究院、军队政治工作研究院、军事法制研究院、系统工程研究院、国防科技创新研究院、军事医学研究院、防化研究院、国防工程研究院8家研究院。哲学社会科学人才主要分布在战争研究院、军队政治工作研究院、军事法制研究院等，研究领域包括基础理论、体系设计、联合作战、前沿技术、特色研究、咨询评估等，拥有军事思想与军事历史、战略学、军队指挥学、军事管理学、军队政治工作学5个一级学科博士点，联合战役学、合同战术学2个二级学科博士点，以及战役学、战术学、军事训练学、军事后勤学、军事装备学5个一级学科硕士点。为进一步加强人才队伍建设，军事科学院研究制定《2050年前军事科学院人才建设规划》，围绕建强科研领军人才、科研骨干人才、科研支撑人才、科研管理人才"四支队伍"和构建引才、鉴才、育才、用才、留才"五种机制"，积极转变科研管理模式，探索实施项目负责人制，研究建立健全分类评价激励机制。在人才队伍建设方面，加速集聚优秀科研人才资源，发挥高端人才引领作用，面向全军和社会选拔高学历科研人才，与中国科学院等院所签订战略合作协议，共建军民融合协同创新和人才培养平台。开辟青年科技工作者成长成才"绿色通道"，近年来支持160多名青年科研人员自选课题攻关，先后有15名科研骨干破格评定高级职称，70名青年才俊走上研究所领导岗位。重视文职人员这支科研创新队伍的新生力量，军事科学院积极搭建聚贤引智平台，成功引进多名高端人才担纲文职人才方阵领军人物。目前，该院已初步形成以中国科学院院士梅宏等2名院士领衔、40多名高级职称专家为骨干、800余名"双一流"高校博士生为支撑的文职人才方阵。

（三）中国哲学社会科学人才高地建设的战略取向

习近平总书记在 2021 年中央人才工作会议上系统总结了中国实施人才强国战略的宝贵经验：一是坚持党对人才工作的全面领导，二是坚持人才引领发展的战略地位，三是坚持面向世界科技前沿、面向经济主战场、面向国家重大需求、面向人民生命健康，四是坚持全方位培养用好人才，五是坚持深化人才发展体制机制改革，六是坚持聚天下英才而用之，七是坚持营造识才爱才敬才用才的环境，八是坚持弘扬科学家精神。这八项坚持，既是对中国人才事业发展规律性认识的深化，更是未来人才发展的重要遵循。中国人才强国战略取得的宝贵经验，以及习近平总书记人才工作会议上的讲话要求以及"十四五"哲学社会科学人才发展规划等，为中国未来人才高地建设夯实了坚实基础，同时勾勒了宏伟蓝图。

因此，立足高质量发展的社会主义新时代，聚焦更好地为实现第二个百年奋斗目标和中华民族伟大复兴，中国哲学社会科学应积极形成并发挥人才战略优势，通过哲学社会科学人才高地建设引领构建中国自主的知识体系，提升国际话语权。具体而言，应采取如下战略举措，加快哲学社会科学人才高地建设。

1. 坚持党的全面领导，统筹进行战略布局

坚持党的领导，发挥党的政治优势、组织优势和制度优势，推进哲学社会科学人才高地建设，用联系性、系统性、发展性的观点来对哲学社会科学人才队伍进行前瞻性思考、全局性谋划，有效推动哲学社会科学人才高地建设工作科学决策、统筹协调落实，形成政府主导、产学研用并举、紧扣时代发展需求

的人才发展体制。中国特色哲学社会科学人才高地建设涉及党建、思想政治、人事、教育、就业、科研环境以及住房、医疗、保险等多个业务领域，必须也只能依靠党的决策领导来统一各界思想，调节各种政治关系，筑牢思想政治根基，从而推进各类人才政策、人才项目、评估机制、资源共享等服务保障制度有效衔接，实现以需求为导向的动态治理，营造开放包容环境的柔性治理，党的全面领导与市场主体的协同治理。

2. 坚持共建共治共享，因地制宜因省施策

哲学社会科学人才高地建设政策既要有顶层设计，"全国上下一盘棋"；也要有基层创新，"万物霜天竞自由"。因此需要科学把握哲学社会科学人才高地设计顶层与分层相互衔接、政策统一性与差异性、政策长期性与阶段性、全局性战略安排与各区域人才差异化需求等关系。协调社会各界力量，明确各主体权责边界，充分利用和调动现有资源，实施非对称战略，精准育才引才聚才用才留才，实现人才质量快速提升，增强中国特色社会主义全面可持续发展的内生动力。通过政策投入加大对社会各界参与人才发展事业的鼓励，通过政策调控打通沟通和合作障碍，让各类人才的创新创造活力竞相迸发，营造有利于人才可持续发展的良性生态。推动在京津冀、长三角、粤港澳等条件较为充分、人才集聚区域建设高水平人才高地，并在一些高层次人才集中的中心城市着力建设吸引和集聚人才的平台，开展国际合作创造国际一流的创新平台，形成战略支点和雁阵格局。

3. 推进体制机制改革，构建人才国内国际双循环格局

体制机制基础是筑牢人才高地建设工作的"根基"，优化政策供给质量，提升供给效率，建立健全系统完备的政策制度体系，健全科学有力的组织管理运行机制。以提升学术原创能力

为主线，以重大项目、重点工程、重要平台为牵引，以体制机制改革创新为动力，创新学术研究组织体系、学术平台支撑体系、学术评价考核体系，完善人才管理制度，深化科研经费管理改革，优化整合人才计划，构建培育壮大哲学社会科学人才队伍的长效机制。通过上述有效举措，发挥用人主体在人才培养、引进、使用中的积极作用，切实赋予哲学社会科学工作者的经费支配权、资源调度权，形成并实施有利于人才潜心研究和创新的评价体系，确立尊崇价值、能力、贡献为导向的哲学人才高地建设思路。

创新供给方式，基于大数据、人工智能等新兴技术，准确了解各类人才需求，开发人才"政策包"，打造人才"供给池"，减少不必要的要素投入和成本损失，提升人才流动效能，构建人才内部培养的"内循环"以及人才引进"外循环"的双循环机制，完善党的全面领导下覆盖"政、产、学、研"的全方位、多面向"旋转门"流动机制。

4. 优化哲社人才培养体系，夯实人才成长基础

习近平总书记在哲学社会科学工作座谈会上指出，要实施以育人育才为中心的哲学社会科学整体发展战略，构筑学生、学术、学科一体的综合发展体系。党的二十大报告指出，教育、科技、人才是全面建设社会主义现代化国家的基础性、战略性支撑。因此，需要在以中国式现代化全面推进中华民族伟大复兴的时代条件下思考哲学社会科学人才高地建设的战略意义，以新的哲学社会科学需求促进现代科技的生产与创新，为现代科技发展与创新提供价值指引和精神动力。运用发挥中国世界上规模最大的高等教育体系优势，实施各类人才专项，加强人才国际交流，全面提高哲学社会科学后备人才自主培养质量，夯实与人才培养相关教育教学、学术研究、学科建设、教材建设、队伍建设、质量评价等基础，形成高质量哲学社会科学人

才培养体系。创建人才干事创业的平台，构建充分体现知识、技术等创新要素价值的收益分配机制，夯实人才全面成长发展的基础。

5. 营建良好生态，激发人才创新活力

推动各主体的人才发展服务理念转型，逐渐实现人才政策从兜底型向发展型的提升，在保证人才能力与待遇相匹配的基础上，给予人才更多的社会承认和精神激励，保障人才的情绪和心理健康等提供配套保障和服务，在与人才成长理性需求相匹配的政策领域持续推进"放管服"改革，形成尊重人才、尊重创造的良好社会风尚，打造风朗气清的人才成长环境，激发人才的活力和自主创新能力。

6. 建设重点人才队伍，培育"关键少数"

基础不牢，地动山摇。打造哲学社会科学人才高地必须造就拥有一支深厚科学素养、视野开阔，以及前瞻性判断力、跨学科融合、组织领导能力强的哲学社会科学人才队伍。在此基础上，打造人批一流领军人才和创新团队，发挥国家实验室、国家科研机构、高水平研究型大学的国家队作用，支撑培育更多的中国特色哲学社会科学的"关键少数"领路者。因此，需要优化领军人才发现机制和项目团队遴选机制，对领军人才实行人才梯队配套、科研条件配套、管理机制配套的特殊政策，把培育国家战略人才力量的政策重心放在青年人才培养上，形成衔接有序的哲学社会科学人才梯队。

三　中国哲学社会科学人才高地吸引力研究

建设高水平人才高地是各地区、各领域当前一段时间的一项重要工作，而提升对人才的吸引力是这项工作首要且关键的环节。人才高地的吸引力包含"条件"和"结果"两个维度，前者是指为吸引到合适的人才而提供符合人才发展预期的成长环境类条件与满足人才工作和生活需求的服务保障类条件，后者是指实现高水平人才的高密度聚集和保证人才队伍的素质高、能力优。在"三大体系"建设的目标指引下，哲学社会科学人才高地的吸引力评价具体可以围绕"人才吸引条件""人才聚集程度""人才队伍素养"三个维度展开。就总体现状而言，中国哲学社会科学人才高地吸引力仍存在吸引条件的非理性竞争凸显，吸引结果的极化现象显著和人才效能的发挥不充分等问题。

（一）概念界定

"人才吸引力"（Talent Attractiveness）是一个兼具条件属性和结果属性的概念，人才高地的吸引力同样如此，并且更需凸显"高"的特性，即人才的聚集度高，同时体现在人才数量的高密度和人才级别的高水平。[1] 从条件属性来看，人才吸引力的

---

[1] 萧鸣政、应验、张满：《人才高地建设的标准与路径——基于概念、特征、结构与要素的分析》，《中国行政管理》2022年第5期。

因素分析与"人才流动"主题的相关研究是一脉相承的,人才的流动通常是双向的,体现出一种"推拉"态势,① 基于此,西方学术界涌现了一批关于人才吸引（Brain Gain）和人才流失（Brain Drain）的经典研究,配套的资源、政策等软实力被视为吸引人才的最主要因素。② 综合来看,就广义的人才吸引要素而言,通常涉及"基础环境""事业环境""家庭保障""生活质量"四方面的影响因素。③ 而针对高层次人才的吸引力要素,则可以聚焦为"区域经济潜力、科学研究环境和生活环境"三个方面,④ 进一步聚焦于高等教育人才等科研人才群体时,影响因素中最主要的有住房、子女入学、配偶工作等个人因素和职务晋升、学科发展、学术氛围、学校管理等发展因素;而从全国范围来看,住房、薪酬等因素对高层次人才的影响并不是特别显著。⑤ 这些与人才吸引力息息相关的因素,在全球范围内也同样适用。⑥ 而从人才吸引的结果属性来看,人才高地一方面体现在高学历、高层次人才的空间分布的集聚,就国内的区域分布而言,中国的人才分布方向基本与"胡焕庸线"一致,呈现出

① P. M. Hauser, *The Study of Population*, University of Chicago Press, 1959.
② O. Stark et al., "A Brain Gain with a Brain Drain", *Economics Letters*, Vol. 55, No. 2, 1997; M. Beine et al., "Brain Drain and Economic Growth", *Journal of Development Economics*, Vol. 64, No. 1, 2001.
③ 张炜、景维民、王玉婧:《什么决定了一线城市对人才的吸引力?——基于随机森林法对影响要素的检验分析》,《科技管理研究》2017年第22期。
④ 乔锦忠、汤亭、沈敬轩:《2013—2018年高层次人才吸引力的区域比较研究》,《教育经济评论》2021年第6期。
⑤ 郭洪林、甄峰、王帆:《我国高等教育人才流动及其影响因素研究》,《清华大学教育研究》2016年第1期。
⑥ Michele Tuccio, "Measuring and Assessing Talent Attractiveness in OECD Countries", *Oecd Social, Employment and Migration Working Papers*, No. 229, 2019.

"东北—西南"走向,且京津冀、长三角、珠三角三大城市群仍是人才聚集度最高的区域,① 学术型人才分布也是如此。② 而就哲学社会科学人才而言,相关的科研院所和高校的分布趋势也基本与此一致。结果属性的另一个面向体现在高层次人才的聚集度,即吸引来的人才层次高。目前,国内高层次人才的识别仍主要与公认的、含金量高的人才"头衔""奖项"等相对应,因此现有人才队伍中的这些高层次人才的数量也基本成为各机构对外宣传的重点。与此同时,近年来随着国家对青年人才重视程度的日渐提升,对青年人才成长发展的项目支持和激励政策都成为从中央到地方的关注点,因此能够吸引到潜力大、资质优的青年人才,③ 在科研领域尤其是能够得到高质量毕业生就业选择的首次青睐,也成为当前各相关机构和平台人才吸引力的重要表征。

综上所述,中国哲学社会科学人才高地的吸引力是指哲学社会科学"五路大军"的相关机构或某一区域吸引哲学社会科学人才的能力,涵盖"条件属性"和"结果属性"两个维度,其中条件属性体现的是人才吸引的潜力,应针对哲学社会科学人才的特征,配置最具有针对性和代表性的人才吸引条件,具体应包含符合人才发展预期的成长环境类条件与满足人才工作和生活需求的服务保障类条件。结果属性体现的是人才吸引的成效,一方面表现在相应的哲学社会科学领域机构中顶尖人才、领军人才、青年人才等各类高层次人才的聚集程度;另一方面

---

① 古恒宇、沈体雁:《中国高学历人才的空间演化特征及驱动因素》,《地理学报》2021 年第 2 期。

② 周亮、张亚:《中国顶尖学术型人才空间分布特征及其流动趋势——以中国科学院院士为例》,《地理研究》2019 年第 7 期。

③ 张伟、徐广宇:《高校顶尖青年人才的分布特征与集聚策略——基于国家级顶尖青年人才计划项目的比较分析》,《国家教育行政学院学报》2016 年第 8 期。

表现在现有人才队伍的素养,包括高层次人才的密度、胜任力以及可持续发展情况等。

(二) 现状综述

党的十八大以来,尤其是哲学社会科学工作座谈会召开以来,哲学社会科学的重要地位凸显,习近平总书记发表的"5·17"重要讲话中明确指出哲学社会科学人才队伍建设的重要性,和当前仍存在的差距。并将哲学社会科学人才队伍划分为"有深厚马克思主义理论素养、学贯中西的思想家和理论家,理论功底扎实、勇于开拓创新的学科带头人,年富力强、锐意进取的中青年学术骨干"三个层次。近年来,哲学社会科学相关学科领域人才吸引成效显著,除传统的以"文史哲"为代表的人文科学和以"政经法"为代表的社会科学仍在有序发展的同时,与马克思主义理论相结合的相关学科、与智库建设和公共政策研究相关的学科都成为高校专业选择和研究生深造的热门方向。与此同时,一方面,以"习近平新时代中国特色社会主义思想研究中心(院)"为代表的哲学社会科学研究机构在中央党校、教育部、中国社会科学院、清华大学、北京大学等机构相继挂牌成立,依托于高校和科研院所的马克思主义理论研究类机构和思政智库也在近年来得到了长足发展;另一方面,为有效回应党的十八届三中全会提出的"国家治理体系和治理能力现代化"重大命题,近年来一大批以"国家治理"为主题的研究院、所、中心等也如雨后春笋般涌现。这两类机构和平台都成为近年来哲学社会科学领域人才吸引的赢家。从宏观视角来看,人才高地吸引力的差异势必会带来人才分布的不均,近年来哲学社会科学领域人才分布的趋势主要与智库建设和学科发展相关联。

1. 中国特色新型智库分布与哲学社会科学人才高地吸引力

党的十八届三中全会审议通过的《中共中央关于全面深化

改革若干重大问题的决定》，明确提出"加强中国特色新型智库建设，建立健全决策咨询制度"的任务，自此中国特色新型智库建设迅速起步并蓬勃发展。党和国家高度重视新型智库的建设工作，从国家高端智库到地方的高水平智库都增加了"人财物"的支持，尤其是借此契机解决了一些困扰已久的编制问题，一定程度上缓解了引人用人之渴。在中国特色新型智库建设进程中，以国务院发展研究中心引领的政府研究中心、各级党校行政学院、各级社会科学院和高校中与决策咨询相关度高的院系等都是筹办新建或转型发展的主体，无疑也都是哲学社会科学人才聚集的中心。其中前三类机构都有参公属性，地域分布、部门设置、人员编制等都是固定的，基本地市级及以上的行政区域都会设立相应的机构，吸引到的人才数量基本以核定编制为限。表3-1中基于公开数据统计了地方省级社会科学院和党校（行政学院）的在编在岗人数、专业技术人数、高级职称占在编在岗人数的比重以及拥有博士学位的比重，其中前三类数据都是核定的，地域分布上会相对更加均衡，不会体现出明显的"胡焕庸线"趋势。而仅就两支队伍的人才聚集情况而言，党校（行政学院）系统因岗位设置需要，专业技术人员的比重较低，对应的拥有博士学位的高素质人才比重也相应较同地区的社会科学院系统偏低。近年来，部分机构也开始尝试柔性引才等灵活方式，以超越编制数量的限制。而除这些参公类机构外，高校智库实则是最庞大的一支，体量基本占到新型智库整体的1/3。从高校智库的数量分布来看，北京、上海、天津、江苏、广州等教育大省（市）占到了半壁江山，① 整体仍呈现出"东北—西南"走向分布，这一趋势在以"长江学者"等为代表的高层次人才流动中也得以验证，"孔雀东南飞"现象

---

① 冯利朋、兰洁：《中国高校智库的地域分布研究》，《决策与信息》2019年第11期。

明显。[1] 除东部沿海省市之外，近年来在哲学社会科学领域，以湖南、湖北为代表的中部地区也在国家高端智库和"双一流"高校建设的带动下得到了迅速成长。[2]

表3-1　地方社会科学院、党校（行政学院）人才聚集情况　（单位：人，%）

	社会科学院			党校（行政学院）		
	总人数（专业技术人数）	高级职称（占比）	博士学位（占比）	总人数（专业技术人数）	高级职称（占比）	博士学位（占比）
北京	242（179）	43	57	432（137）	—	27
天津	247（177）	53	51	548（288）	24	14
河北	—（169）	—	—	548（255）	28	8
山西	375—	29	6	490—	25	—
内蒙古	216（178）	47	—	278（106）	36	11
辽宁	210（160）	—	—	580—		
吉林	301（175）	39	—	457—		
黑龙江	284（177）	30	—	—		
上海	806（676）	43	76	400（140）	—	—
江苏	219—	48	—	442（178）	27	24
浙江	123（97）	45	—	400（180）	28	—
安徽	136（105）	43	31	783（367）	27	—
福建	161（123）	30	—	442—	25	8
江西	191—	48	23	477（223）	30	11
山东	319（238）	39	—	672（340）	32	26
河南	291—	39	—	479—	21	—
湖北	234（137）	28	28	302（123）	23	21

---

[1] 黄海刚、连洁、曲越：《高校"人才争夺"：谁是受益者？——基于"长江学者"获得者的实证分析》，《北京师范大学学报》（社会科学版）2018年第5期。

[2] 2023年教育部公布的全国高等学校名单中，按数量排序湖南省（137所）、湖北省（132所）分列全国第6、7位。

续表

	社会科学院 总人数（专业技术人数）	高级职称（占比）	博士学位（占比）	党校（行政学院）总人数（专业技术人数）	高级职称（占比）	博士学位（占比）
湖南	187—	43	—	509（200）	30	13
广东	252（194）	40	—	405（202）	39	30
广西	140（104）	46	—	—	—	—
重庆	125（64）	55	—	376—	20	23
四川	459—	45	34	460—	30	—
贵州	186—	55	22	349—	23	15
云南	—	—	—	392（200）	24	14
西藏	124（98）	26	—	179—	17	3
陕西	199—	37	37	867—	20	—
甘肃	150（104）	40	—	185—	74	—
青海	81（61）	42	7	293（113）	24	4
宁夏	122（89）	45	11	—	—	—
新疆	143—	44	3	446（111）	16	—
海南	—	—	—	196—	18	14

注："—"代表该数据在对应网站中没有相关信息明确标注或可通过计算获得。
资料来源：各机构网站。

除了地域分布，中国特色新型智库建设的浪潮也推动了其他领域的人才向哲学社会科学领域的聚集。一方面，智库建设的广告效应会吸引毕业生的就业选择，尤其是企业智库和社会智库的同步发展也给予了毕业生更多的选择；另一方面，智库的"旋转门"机制也在一定程度上发挥了人才吸引的作用，尤其是中国目前的趋势更多体现在党政机关人员与智库专家的"单向旋转"[①]。近年来，各类新型智库从党政机关吸引了不少

---

① 任恒：《构建我国新型智库"旋转门"机制：内涵、现状及思路》，《北京工业大学学报》（社会科学版）2021年第1期。

高层次人才,帮助智库拓宽决策视野、丰富信息来源。

2. 交叉学科、新文科建设与哲学社会科学人才高地吸引力

近年来,国内在高等教育和人才培养领域不断创新突破。2019年4月,教育部、中央政法委、科技部等13个部门于29日在天津联合启动"六卓越一拔尖"计划2.0,全面推进新工科、新医科、新农科、新文科(以下简称"四新")建设。其中,新文科建设便是为推动哲学社会科学与新科技革命交叉融合,培养新时代的哲学社会科学家,创造光耀时代、光耀世界的中华文化而设立。该计划分3年实施。"四新"建设既有对已有专业的改造升级,也有新专业的叠加。2021年1月,国务院学位委员会、教育部印发通知,新设置"交叉学科"门类,成为学科分类中与哲学、经济学、法学、教育学等并列的第14个学科门类,"集成电路科学与工程"一级学科(学科代码为"1401")和"国家安全学"一级学科(学科代码为"1402")成为该门类下的第一批一级学科,其中"国家安全学"领域无疑将成为哲学社会科学领域的又一重阵。同年11月,国务院学位委员会在《交叉学科设置与管理办法》中对交叉学科给予了明确的定义:"交叉学科是多个学科相互渗透、融合形成的新学科,具有不同于现有一级学科范畴的概念、理论和方法体系,已成为学科、知识发展的新领域。"一时间,国内各高等院校纷纷设立了各自关注和擅长的交叉学科项目甚至相关院系,其中社会科学与人工智能等新技术相融合的"数字治理"类研究机构成为一枝独秀。与此同时,教育部也已经在"四新"的研究和改革实践领域设置并批准立项了数千项研究项目。[①]

[①] 自2018年以来,教育部公布了首批新工科研究与改革实践项目612项、第二批845项,首批新农科研究与改革实践项目407项,首批新文科研究与改革实践项目1012项。

科研人才是与学科共同成长的，国家对交叉学科的认可和支持为人才的发展提供了更多的可能性，也让自然科学和社会科学之间的边界和间隔不再那样泾渭分明，哲学社会科学人才队伍的范畴界定也有了更大的空间。与此同时，新一代青年学者对于学科发展的态度也在发生变化，原国家教育行政学院院长顾海良曾指出："青年学生对学科的认同程度决定了学科的未来前景、发展趋向。现在，越来越多的青年学生把推动学科建设作为目标，在学科发展中达成自我发展，让人感受到了可喜的变化。"[①] 因此学科建设发展的水平，未来的发展潜力等都应成为人才吸引的重要砝码。

（三）分维度分析

习近平总书记在中央人才工作会上指出："综合考虑，可以在北京、上海、粤港澳大湾区建设高水平人才高地，一些高层次人才集中的中心城市也要着力建设吸引和集聚人才的平台。"对应到哲学社会科学领域，建设人才高地的第一步便是吸引和集聚人才。结合前文的分析，以及综合中央党校（国家行政学院）、国务院发展研究中心、中国社会科学院等为代表的国家高端智库和"双一流"哲学社会科学类学科建设平台的发展建设经验，本书将中国哲学社会科学人才高地的吸引力分析维度总结为表 3-2。

1. 人才吸引条件

在关于人才吸引和人才流动的相关研究中，多会将区域经济环境或发展水平作为一项重要的引才资本。本书关注于哲学

---

① 《哲学社会科学人才，伴着学科共成长》，《光明日报》2021 年 5 月 19 日第 16 版。

表3-2　　　　中国哲学社会科学人才高地吸引力分析维度

人才高地吸引力	人才吸引条件	成长发展环境
		服务保障条件
	人才聚集程度	顶尖人才聚集
		领军人才聚集
		高素质青年人才聚集
	人才队伍素养	高水平人才比重
		人岗匹配程度

社会科学相关机构对人才的吸引力，区域经济环境更多作为一个背景性条件，或者是预设条件而存在。诚如在前文中多次分析的，无论是基于中国的人口自然分布还是经济社会发展水平的差距，哲学社会科学人才的分布本身便在区域间存在较大差异。因此对于一个在北京、上海等超一线城市的机构而言，其天然就处在一个人才密度更高的环境中，其对人才的吸引也天然地受益于所处城市发展水平的影响，人才在选择工作机构时通常会先一步选择所在的地域和城市。就这一角度而言，位于不同省市的哲学社会科学机构在吸引人才时，给出的筹码势必要同所在城市的经济发展环境水平有一定的互补性。当用人机构希望吸引同一水平的人才时，例如在各地引才政策中多会提到的"国家'万人计划'杰出人才"这类顶尖人才，二三线城市开出的价码无疑会比一线城市更诱人。而对应到人才本体视角而言，同样在进行选择时也会权衡，同等能力素质水平的人才当选择降低一个城市级别进行选择时，在二三线城市可获得的资源和位置都会较一线城市更多、更优，我们暂且可以将此称为"凤尾鸡头"效应，因此各机构在引才过程中可以综合所在的城市发展水平来考虑需求的人才层次和可给出的供给条件。而这些条件会在后文设计的各个维度中有所体现，区域经济环境或发展水平这一要素在此便不再作为"中国哲学社会科学人才高地吸引力"分析维度中的一项。

对于用人单位而言，具体到"人才吸引条件"维度，招聘启事无疑是体现需求之诚意的第一张名片。归纳梳理，哲学社会科学类研究机构的招聘条件基本可以分为两类。一类是需求型，即以老牌科研院所为代表的，结构化的招聘启事。如上文所述，这类研究机构因为编制约束，每年招聘人才的数量、条件、类别等都有明确要求，因此招聘启事也是中规中矩，只罗列国籍、政治面貌、年龄、学历、过往业绩门槛等要求，而较少提及能够给予应聘者的条件待遇。如有提及，也基本是以"按照国家和本单位有关规定，享受事业单位编制内人员工资福利待遇"这样的标准表述代替。另一类是需求+供给型，多以去行政化改革之后的高校和社会组织类智库或研究机构为代表，具有较强的市场属性。这些机构的招聘启事基本具备两个特点：一是对人才的需求进行分类分层，每一层次的人才需求都进行目标明确的有针对性的设定；二是薪酬待遇和发展环境的说明较为详细，且条件会涉及人才的工作条件和生活条件。

结合不同机构的招聘条件，和已有相关实践，接下来本书将从用人单位给予哲学社会科学人才的"成长发展环境"和"服务保障条件"两个维度进行具体分析。

（1）成长发展环境

就哲学社会科学科研人才的成长发展环境而言，主要可分为两方面的支撑条件：一是机构常年积累的历史美誉、学术声誉、共同体认同等环境性因素和口碑，作用到人才个体身上，可以进一步聚焦在机构的学科发展水平和前景，学术科研氛围两个方面；二是机构能为人才成长提供的空间和预期，这往往与机构的晋升通道、人才饱和度和配置结构等因素相关。

学科发展：学科之于科研人才的成长如同"水之源""木之本"。习近平总书记在"5·17"重要讲话中便指出："要通过努力，使基础学科健全扎实、重点学科优势突出、新兴学科和交叉学科创新发展、冷门学科代有传承。"2017年由教育部等联合印发的《统筹推进世界一流大学和一流学科建设实施办法（暂行）》中明确，"要以人才培养为核心，优化学科建设结构和布局"。因此，一个哲学社会科学领域的科研机构在相关学科领域的基础功底和发展潜力对于人才的吸引的重要性毋庸置疑。美国的老牌名校向来都是以学科论英雄，例如在全球大学排名中并不突出的美国雪城大学（Syracuse University），便以公共管理专业全美第一的身份赢得了"美国政治家摇篮"的美誉。而近年来国内"双一流"建设工作的推进也将学科建设摆在了核心位置，许多高校都凭借其在某一学科领域的突出表现脱颖而出。人才在选择机构时的"慕名而来"，甚至是可以降低其他各项条件的权重，而只求获得在该机构工作的资历，通常看重的都是其学科发展声望。因此，哲学社会科学机构要提升自身的人才吸引力，首先便需要锤炼内功，积极依托学位授予点和博士后科研流动站等平台打造优势学科。

学术氛围：一个城市、一个机构的学术氛围或者学术风气是一种经过长期积淀而形成的文化环境，看似难以衡量，实则却是科研人才在做出选择时极为看重的一个要素。用人作比，如果"学科发展"比作一个人的智商，那么"学术氛围"可以对应为情商。学术氛围好的机构可以让身在其中的人才情操得以陶冶，精神得以洗涤。大学的校训、科研机构的价值观等往往便是其所认同且追求的理想化学风的具象化表述，北京大学和清华大学向来便以"自由"和"严谨"两种学风闻名中国，人才在进行双向选择时也会将是否适应这种学风作为考虑的因素。除去"是否适合"的判断，学术氛围是否浓郁也是吸引人才的一项重要因素，清爽、和谐、浓郁的学术氛围会让工作变成一种享受，会让积极进取成为一种习惯，这需要机构中的每一位个体共同营造和维护，也需要学术共同体的共同努力。

成长空间：同后文将要论述的"服务保障条件"相比，成长空间是一种对于人才成长的"全链条"支撑。基于机构属性和管理运行模式的差异化因素，成长空间如何会受到被动和主动两种因素的影响。被动性因素往往对应于前文提及的参公管理类单位，受到人才引进和成长周期的影响，和岗位数量的限制。机构会在机会期和饱和期两种状态间循环，在机会期吸引进的人才因位置充裕，机会较多，成长渠道自然更为畅通；而饱和期吸引进的人才往往会面对更为激烈的竞争环境和更长时间的晋升等待期。主动性因素则是由用人单位自主设计的人才吸引机制决定的，如国内许多高校近年来青睐的"非升即走"机制和准聘长聘制度（Tenure-track），运用得当，会有利于激发人才间的良性竞争，带动其快速成长；否则也会演化成对科研人才的"变相压榨"，造成人才"不断引进、不断流失"的困境。[1]

（2）服务保障条件

广义而言，对人才的服务保障条件属于"人才公共服务"的范畴，是各个层级、各个类型的用人主体的引才筹码，服务保障条件设计的科学性、有效性、精准性直接关系到能否靶向吸引到合适的人才。具体来看，人才的服务保障条件可以划分为两类：[2] 一是满足人才生活需求的"兜底性"条件，具体是指机构可以为人才提供的薪酬、户口、住房、医疗保障、子女入学和配偶工作福利等；二是满足人才工作和成长需求的"发展性"条件，是指机构可以为人才提供的与工作相关的软硬件条件，硬件包括办公场所、实验室空间、[3] 科研启动经费、研究

---

[1] 吴江：《切实解决青年科技人才成长中的实际问题》，《中国人才》2022年第5期。

[2] 吴田、赵渊博：《促进人才发展的公共服务政策文本量化研究——以深圳市为例（2010—2020年）》，《重庆理工大学学报》（社会科学）2022年第3期。

[3] 《教育部社会科学司2020年工作要点》和《国家"十四五"时期哲学社会科学发展规划》中都明确，要"重点支持建设一批文科实验室，促进研究方法创新和学科交叉融合，引领学术发展"。关于相关学术研究类平台的建设管理将在"哲学社会科学人才高地管理力"部分进行更为详细的分析。

团队配置等，软件则包括可提供的岗位性质、事权自主权、① 可获得的个人提升机会等。

生活保障：从相关机构市场化招聘给出的条件来看，生活保障通常会针对吸引的不同层次的目标人群进行差异化的设计。2022年，清华大学人文社会科学相关院系联合开展全球人才招聘，招聘岗位为教研系列教师，主要包括顶尖学者和杰出学者两个层次，部分学科方向也接受准聘副教授和助理教授的岗位申请；同时，特别设立高级访问教授岗位，邀请具备卓越学术水平的学者来清华访学交流，开展教学科研活动。其涉及薪酬待遇的部分给出了如下条件：富有国际竞争力的薪酬体系；顶尖学者和杰出学者可申请人才房或周转房；访问教授可申请校内高访公寓；医疗保险、央保、子女就学等福利，包含清华附属学校提供的幼儿园、小学和初中等优质教育资源。浙江大学、中山大学等则是推出了独具代表性的"百人计划"系列招聘，同样对希望吸引的目标人才进行了分层，给出的条件包括按学校相关政策申购人才专用房一套；提供教师公寓住房；协助解决子女入学入托；提供具有竞争力的学校、学院两级薪酬，丰厚的年终绩效奖励，以及医疗保险、住房津贴、退休金等多种福利等。这些机构在吸引人才方面都体现了足够的诚意，而从这些内容中也基本可以看出薪酬、住房和子女入学是目前科研人才最为关注的几方面条件。2022年的北京中考普遍的超高分成绩引发网络热议，同时也再次将中学排名，尤其是海淀区的高水平中学推上新闻焦点，中国人民大学附属中学领跑的大学附属类中学在其中成绩显著。这就使得有适龄孩子的高素质人才在选择机构时不得不考虑相对应的附属学校的资源质量。此外，在北京、上海等大城市，户口也是一项吸引人才的重要

---

① 孟华、刘娣、苏娇妮：《我国省级政府高层次人才引进政策的吸引力评价》，《中国人力资源开发》2017年第1期。

条件。

工作保障：就硬件条件而言，各用人机构给出的价码也基本类似，继续前文清华大学全球招聘的案例，涉及工作保障的条件包括充足的科研启动费，顶尖学者可按需申请；独立办公空间，保证博士生、博士后招收名额；提供职业发展规划咨询与协助，充分激发每位教师的潜能。浙江大学和中山大学也同样给出了聘任为百人计划研究员，具有博士生招生资格；提供具有海内外竞争力的科研启动经费；提供办公空间和实验室空间等条件。而软件条件则通常首先会涉及机构提供的岗位性质，例如部分人才会看重岗位是否具有正式编制，有些则会看重对于同等素质的人才是否可以给予更高的专业技术职称和研究生导师资格等。与此同时，随着近年来"放管服"改革的深入推进和市场化机制在人才配置中作用的加深，部分人才也会着重关注用人单位给予人才的事权自主空间，包括但不限于自主选择研究方向、组织组建研究团队，自主决定技术路线和自主进行经费支配等方面，这也是目前各机构努力改革和凸显人才吸引竞争力的重要领域。

2. 人才聚集程度

无论是从中央人才工作会议的相关精神及《国家"十四五"时期哲学社会科学发展规划》的相关表述中，还是从各地、各机构引才时的相关条件设定中，人才的分层分类都是始终坚持的理念。综合来看，分层和分类的两方面逻辑体现在：一是分层逻辑，即从国内外（国际）—国家级—省级—市级的逐层降低；二是分类逻辑，通过表述的差异体现出了人才金字塔中的位置分布。顶尖是最顶层的塔尖人才，随后是各层级的领军人才，中间层的中青年骨干人才，逐渐到塔基的基础人才。虽然在具体的名称上会有差别，但理念一致。就哲学社会科学科研人才而言，各机构在打造人才高地的过程中吸引的主要人才群体基本可以划分为三个类别：顶尖人才，即具有深厚马克思主义理论素养、博古通今、学贯中西的学问大家；领军人才，即具有广阔学术视野、深厚学术积淀、重要学术影响，具有前瞻性判断力、跨学科理解能力和团队组织能力的战略型人才；高素质青年人才，即功底扎实、学风优良、专心敬业、学术发展潜力大的优秀青年。[1] 除了上述三类，对于哲学社会科学机构而言，还需要大量的中青年骨干进行强根固本。对于建设"人才高地"的目标而言，如何能够吸引并留住最高层次、最高水平、最具潜力的人才，[2] 并能够将青年人才有效培养为相关领域的领军人才甚至是学问大家，才是关键。因此就"人才聚集程度"这一结果性指标而言，上述三类人才的聚集程度可以作为反映哲学社会科学人才高地吸引力的重要指标。

鉴于中国哲学社会科学领域机构属性多样，工作形式多样，依托的学科基础和属性不同，各学科人才分属的"三大体系"建设主战场不同，针对哲学社会科学高层次人才队伍难以用统一的量化标准来框定每项指标的阈值，因此在实操过程中可以通过借助已有的人才头衔、项目、奖项等框定群体边界，并选取群体交集。虽然近年来，"破五唯"的理念已经得到了学界的普遍认可，也明确了过度追捧"奖项""帽子"的弊端，但"破"并非"舍弃"，并非否定学术共同体内公认的"含金量"高的奖项、头衔等在激励科研人员成果产出方面的积极作用。

为保证科学性和代表性，本书在标签选取工作的开展过程中主要有三个方面的依据：一是通过访谈相关领域的专家学者，包括走访中共中央党校（国家行政学院）、中国社会科学院、清华大学、北京大学、中国人民大学、代表省份的社会科学院等

---

[1] 三类人才的相关表述参考了《中国社会科学院"十四五"人才发展规划》。

[2] 萧鸣政、应验、张满：《人才高地建设的标准与路径——基于概念、特征、结构与要素的分析》，《中国行政管理》2022年第5期。

一流高校和研究院所的科研人员和科研管理人员；二是通过咨询相关领域的行政管理人员，包括中组部人才工作局、中宣部全国哲学社会科学工作办公室、人社部专业技术人员管理司、中国社会科学院人事局、科研局，北京市人力资源和社会保障局等部门，了解中国哲学社会科学领域人才选拔、管理、评价的相关规定、标准，代表性头衔、荣誉、项目，各类机构、平台和项目的定位、在相关领域的分量，以及各类奖项、表彰等之间的分类分层关系等；三是通过梳理公认的哲学社会科学领域学术大家的履历，抽取其科研生涯中的代表性、节点性标签，包括人才称号、奖项、科研项目、功勋表彰等，并筛选出其中符合中央文件和哲学社会科学领域对三类人才的共识性标签。这种集成相关领域共识性标签的评价方式目前在国内"破五唯"的背景下业已开始探索，例如《2023软科中国最好学科排名》的指标体系设计中便通过重要人才头衔、重大权威奖项、重要人才计划、重点项目主持人、高被引学者等多个维度，共同构建"学术人才"的评价指标体系，并将人才细分为"自身学术权威、中年领军专家、青年拔尖英才、文科学术骨干、国际知名学者"等不同的层次和类型。[①]

专业能力是哲学社会科学的核心竞争力，在评价专业水平方面，人才个体主持的项目水平、完成的成果质量、获得的人才称号，以及在同行内的威望和话语权等都是关键指标。而针对哲学社会科学三类高层次人才群体，每一个方面的要求都应当是相关领域的最高水平，其中鉴于"高素质青年人才"是着重于人才的潜力，且青年人才的资源获取机会相对较少。因此，表3-3中的各项标准都应是其发展的目标和方向。以上五个方面基本框定了哲学社会科学领域国家级高层次人才的专业能力

---

① 《2023中国最好学科排名》，2024年3月27日，软科网，https://www.shanghairanking.cn/rankings/bcsr/2022。

水平和在学术共同体中的地位，相对应的人才群体在推动哲学社会科学理论创新、服务科学决策、提升文化软实力等方面发挥了重要作用、扮演了关键角色，省市层面可以将此对应到各自的人才分层分类目录和标准中。

表3-3　　哲学社会科学领域高层次人才识别标签

	标签分层释义
科研项目	A. 国家社会科学基金重大项目、教育部哲学社会科学研究重大课题攻关项目、教育部人文社会科学重点研究基地重大项目负责人
	B. 国家社会科学基金重点项目负责人、国家社会科学基金重大项目子课题，国家高端智库重点研究课题负责人
荣誉奖项	A. "五章一簿"等国家勋章和国家荣誉称号获得者，全国杰出专业技术人才获得者，诺贝尔经济学奖、文学奖获得者，教育部高等学校科学研究优秀成果奖（人文社会科学）等（同级别）奖项获得者，孙冶方经济科学奖等（同级别）学科奖项获得者
	B. 国务院政府特殊津贴获得者，中国社会科学院优秀科研成果奖等（同级别）省部级奖项获得者
人才头衔	A. 中国社会科学院学部委员，外籍院士，国务院参事，中央文史研究馆馆员，"万人计划"哲学社会科学杰出人才
	B. 长江学者特聘教授，讲座教授，文化名家暨"四个一批"人才，国家杰出青年科学基金项目获得者，"万人计划"哲学社会科学领军人才，国家有突出贡献中青年专家，新世纪百千万人才工程国家级人选，全国新闻出版行业领军人才
	B'. "万人计划"青年拔尖人才，青年长江学者，宣传思想文化青年英才，优秀青年科学基金项目获得者
质量控制	A. 国务院学位委员会委员，担任所在学科省部级及以上科研项目、成果奖项、人才头衔评审专家
	B. 国务院学位委员会学科评议组成员（学位委员会委员除外），专业学位全国教育指导委员会委员
咨政建言	A. 人大和政协两会的常务委员会委员、各专业委员会主任、副主任，军队、部委相关领域的专家组组长，中外国际谈判代表团团长
	B. 两会代表，军队、部委直接联系的专家或特聘专家、咨询委员会委员，中外国际谈判代表团成员

注：表中各类群体都是指匹配相应标签的哲学社会科学领域的人才群体。

科研项目：对于如何识别和培养战略科学家，习近平总书记在中央人才工作会上指出，要"在国家重大科技任务担纲领衔者中发现"。同样对应到哲学社会科学领域的"大师"，近年来无论是国家社会科学基金、教育部基金支持的课题，还是国家高端智库理事会设立的项目指南，都是聚焦推动党和国家发展、助力人民幸福生活的重要议题，因此主持这些类型的课题本身便是哲学社会科学工作者使命担当的体现。表3-3中以"国家社会科学基金重大项目"为代表的A层级的项目代表了目前国家级基金项目资助体系中层次最高、资助力度最大、权威性最强的项目类别，主要包括应用对策类、基础理论类和跨学科类等。① 这些项目或者是通过"揭榜挂帅"的方式选拔主持人，或者是由中宣部等国家各相关主管部门委托给有能力、有积累的研究团队。能够挂帅这些项目的专家学者无疑已经具备了哲学社会科学顶尖人才的"充分条件"。对应的B层级标准为哲学社会科学领军人才。除此之外，一些解决战略性、基础性、前瞻性重大问题，具有重要战略意义的省部级课题也可以视具体情况对应为上述两个层级。

荣誉奖项：荣誉表彰代表了国家、社会等对人才的认可，是对个体的品德素养和精神面貌的肯定，与对其为国家发展和人民幸福生活做出的突出贡献的奖励。这其中位列中国最高荣誉体系"五章一簿"，或者获得"全国杰出专业技术人才"等具有较高社会影响力和媒体曝光度的国家级表彰获得者，无疑

---

① 应用对策类重大项目主要资助研究中国政治、经济、文化和社会发展中具有全局性、战略性、前瞻性的重大理论和实际问题，为党和政府决策服务；基础理论类重大项目主要支持对弘扬民族精神、传承民族文化、促进学术发展起关键作用的基础理论研究课题，着力推出具有原创性或开拓性的经典之作；跨学科类重大项目旨在通过不同学科的视角、知识、方法和人员的交叉融合，研究解决单一学科难以解决的复杂性、前沿性、综合性问题。

可视为顶尖人才。而国务院政府特殊津贴这类对应人才层次较高但享受群体的数量较大的奖励，则作为领军人才的标签。与荣誉表彰对应，成果和学科奖项作为另一种奖励形式，是研究成果水平的外显。最高层级的无疑是诺贝尔经济学奖等这类国际顶级奖项，但可遇不可求。国内目前在哲学社会科学领域的最高成果奖以"教育部高等学校科学研究优秀成果奖（人文社会科学）"等国家级奖项为代表，学科奖项经济学领域以孙冶方经济科学奖最为权威，其他学科领域也可以对应选择具有同等地位的奖项作为标签。B类则主要可以省部级各机构设立的具有权威性的代表性的奖项为标签，例如，"中国社会科学院优秀科研成果奖"虽然是中国社会科学院院内所设奖项，但获奖作品的学术质量和水平都很高。

人才头衔：首先作为哲学社会科学领域的最高学术称号，且作为终身荣誉，以获评中国社会科学院学部委员为A类标准无可厚非，但鉴于目前学部委员不像两院院士向其他机构开放，外籍院士，国务院参事，中央文史研究馆馆员，"万人计划"哲学社会科学杰出人才等，无论从人才层次还是获评难度来看，也基本可以对标为同等级别。B类的领军人才可以对应为中组部、科技部、教育部、人社部等设立的高水平人才计划，其中最具代表性且获评人才水平相当的计划有国家"万人计划"领军人才，长江学者特聘教授、讲座教授，文化名家暨"四个一批"人才等。而被学术界公认的"四青"人才计划（对应表3-3中的B'），基本可以视为对40岁以下的青年学者的最高肯定，因此在此单独列出。

质量控制：任何学科和领域的发展都需要保证其质量，哲学社会科学人才在服务国家战略发展的同时，首先也要为推动所在学科领域的高质量发展和保证代有传承做出贡献。担任所在学科领域认可度高、影响力大的成果、项目、奖项等的评审专家是质量控制的重要环节，保证评审结果的公平、公正、权威，是对促进学科发展良性循环的重要贡献。其一，国务院学位委员会作为领导和管理全国学位授予的部门，其委员中的哲学社会科学人才群体在相应领域有着质量控制权。其二，担任所在学科省部级及以上科研项目、成果奖项、人才头衔的评审专家，尤其是前文涉及的科研项目、学术奖项和人才计划的评审专家，能体现出人才个体在相应学术共同体中的突出地位。因此以上两方面可以视作 A 类标签。除此之外，国务院学位委员会和专业学位全国教育指导委员会中哲学社会科学领域的委员，都是具有博士生导师的资格，且在相关领域取得了一定的成就的各个机构的学科带头人和领军人才，可以视作 B 类标签。

咨政建言：哲学社会科学领域的人才功能发挥最主要的就在于咨政建言领域，与决策部门建立畅通的咨政通道是其中的关键，而担任相关部门的咨询专家是最直接的方式。哲学社会科学领域的专家学者能够担任人大和政协两会的常务委员会委员，各专业委员会主任、副主任，或担任军队、部委在相关领域的专家组组长都可以直接发挥咨政建言的功能，可视为 A 类标签。此外面对当前日益复杂的国际形势，在国际舞台上代表中国开展相关领域谈判的机会和重要性日渐提升，因此担任中外国际谈判代表团团长等角色也是该角色的重要体现。而对应的，担任两会代表，军队、部委的高级顾问、咨询委员会委员等可视为 B 类标签。

基于以上五个方面的指标，本书围绕"人才聚集程度"这一体现人才高地的吸引力指标，从"顶尖人才聚集""领军人才聚集""高素质青年人才聚集"三个方面展开论述。

（1）顶尖人才聚集

顶尖人才在各机构中都是凤毛麟角，截至 2024 年学部委员增选和主席团换届前，中国社会科学院在职的学部委员仅有 24 人，足可以体现出"学术大家"的珍贵和相对匮乏。目前，国内体制机制相对灵活的各个机构在引进顶尖人才时基本采用

"一事一议"的方式，并结合柔性引才机制，不求所有，但求所用。例如清华大学在文科领域便专门设立了文科资深教授等席位，作为清华大学面向文科教师设立的最高学术荣誉称号，首批选拔了18名，这些人在拥有表3-3中若干A类标签的基础上，都在相关学科领域具有很高的声望和号召力。

从专业技术职级来看，无论是教授还是研究员序列，都是以一级为最高级别。2009年5月，中国人民大学在哲学社会科学领域率先开展一级教授试点工作，14名人文社会科学学者被聘为一级教授，打破了一级教授岗位只能由两院院士获得的历史。随后，以山东大学等为代表的高校从中国社会科学院、北京大学等机构引进了多位顶尖学者，并聘任为人文社会科学一级教授。但从全国范围来看，这一最高级别的专业技术岗位的评聘工作仍没有实质性进展。2021年，以中国社会科学院为代表的机构再推一级研究员试点工作，这是进一步调动二级教授、研究员创新热情，盘活高端人才资源"存量"，激励其更上一层楼的重要举措，也是真正迈向"哲学社会科学人才高地"的关键。北京大学、清华大学、中国人民大学等作为第一批试点单位，也都完成了国家一级教授的评选和聘任。除此之外，国际欧亚科学院人文社会科学领域中国籍院士[1]等为代表的人文社会科学院士，国务院参事（25人）、[2] 中央文史研究馆馆员（53人）[3] 等，都在相关领域和所在机构扮演着顶尖人才的角色，人才体量不过百余人，且彼此间多有人员重叠。加之国家高层次人才特殊支持计划（以下简称"万人计划"）遴选

---

[1] 名单详见国际欧亚科学院中国科学中心的院士介绍，http://bj.ieaschina.org/expert/jieshao.html。

[2] 名单详见国务院参事室、中央文史研究馆网站的参事之窗，http://www.counsellor.gov.cn/cszc.htm。

[3] 名单详见国务院参事室、中央文史研究馆网站的官员风采，http://www.counsellor.gov.cn/gyfc.htm。

的杰出人才（总计100人），这一体量也不会增加许多。一方面"杰出人才"的遴选工作仍在进行中，名额还未填满；另一方面"万人计划"涵盖自然科学、工程技术和哲学社会科学各个领域，哲学社会科学领域的学者至多也不会超过1/3，并且就已经产生的人才名单中，哲学社会科学领域人才的占比远低于自然科学。

因此要实现哲学社会科学人才高地的建设目标，对顶尖人才的吸引无疑是一种对稀缺资源的争夺，目前已经拥有一定数量顶尖人才的机构要努力将其留住，更好地发挥其战略引领性作用。

（2）领军人才聚集

就领军人才而言，其体量会远高于顶尖人才。例如，仅就国家"万人计划"而言，领军人才的目标体量（8000人）便是杰出人才的80倍。中国社会科学院的领军人才数量大概占到专业技术人才整体的30%，而地方社会科学院的人才队伍结构中，据不完全统计，有明确的数据显示能占到专业技术人才整体的15%左右。除了国家支持的各类人才计划和津贴奖励，在领军人才的判定和激励方面，各地也纷纷设立了代表性的人才工程和计划。例如，北京市的"高创计划"哲学社会科学领军人才，河北省的燕赵文化英才工程，四川省的"天府万人计划"天府文化领军人才，山东省的泰山学者特聘专家，湖北省的"荆楚社科名家"等。这些具有地方特色的人才计划支持了一批聚焦于各地方特色和优势学科的领军人才，在立足于学术研究、理论阐释、决策咨询三大主责的基础上，开展反映省情特色的基础理论和应用对策研究。例如，山西省开展的黄河文化研究，聚焦于根祖文化、晋商文化等；江苏省开展的大运河文化带建设研究；福建省开展的华人华侨研究、海峡文化研究等，都是与机构所处地域和当地的历史文化背景密不可分的。而一方水土养育一方人，各地方的领军人才许多都是本地人，对相关领域更是有着深厚的感情和独到的理解。鉴于领军人才的体量较大，衡量人才高地的领军人才情况除了人才数量，已有的领军人才的功能发挥水平也应当作为重要参考因素。领军人才只有真的发挥出学科带头、团队引领的作用，才能带动整个机构的向上发展。

此外，鉴于"四青"人才无论在专业能力还是综合素质方面，都应是领军人才的第一后备梯队，因此机构拥有的"四青"人才的数量也直接体现了哲学社会科学人才高地的人才吸引力成效和后续发展潜力。以北京大学为例，2005年，北京大学开始实施以优秀青年人才引进为核心的"百人计划"，截至2013年，北京大学共引进人文社会科学人才16人，基于后续的数据分析，百人计划引进的优秀青年人才在获得"杰青"和"优青"支持方面都有明显优势，且获得资助的年龄普遍更年轻。[①]

（3）高素质青年人才聚集

哲学社会科学机构对于高素质青年人才吸引的第一层次，首先体现在对于高校毕业生的吸引，尤其是对博士毕业生的吸引。"双一流"建设高校博士毕业生作为院校等级和学历教育层次"双高"群体，约占全国博士毕业生总数的40%。[②] 近年来的相关数据研究显示，各省博士毕业生留存率分化明显，东北地区留存率低，西南部分地区和华东、华北部分地区留存率较高，中部地区留存率居中，其中云南、山东、江苏、四川、北京等省市，充分体现了其在博士毕业生留存率上的显著优势。而在流入率方面，以新疆、西藏、宁夏、内蒙古等为代表的西部地区，博士毕业生流入率普遍较低；以江西、湖北、湖南、

[①] 刘超等：《基于获得"杰青""优青"资助情况分析北京大学"优秀青年人才引进计划"的成效》，《中国科学基金》2015年第3期。

[②] 左晶晶、段鑫星：《"留"还是"流"：高校毕业生流动的空间布局与影响因素分析——以"双一流"建设高校博士毕业生为例》，《江苏高教》2022年第7期。

河南、安徽等为代表的中部地区，博士毕业生流入率居中；以广东、北京、山东、江苏、浙江、上海等为代表的东部地区，以及长江经济带沿岸区域是博士毕业生的高流入区。虽然如此，但近年来的趋势显示，北京、上海、广东及江苏的高校正在源源不断地为其他地区输送人才。2015—2020年，北京地区培养的博士毕业生有52.4%流向国内其他地区就业，上海、江苏、广东地区培养的博士毕业生流向国内其他地区就业的比例也分别为39.90%、35.66%、33.18%。博士毕业生就业单位性质以"学术型"为主，而从学科分布来看，哲学、法学、教育学、文学、历史学、管理学、艺术学等人文社会科学类博士毕业生相对于其他学科门类的更倾向于在高等学校就业。① 因此，综合而言，一线城市的哲学社会科学类机构或岗位在吸引高素质博士毕业生方面明显更具优势。而就另一类高素质青年人才——海归人才而言，吸引力呈现出同样的趋势，但在满意度方面，反而二线城市更高。② 这与人才政策的支持力度和个体心理预期的匹配程度有关。

对于既有青年人才而言，除了前文提到的"四青"人才这类凤毛麟角的拔尖青年人才支持计划，地方也设立了许多对优秀青年人才的支持计划。例如内蒙古设立的"自治区青年创新人才"，江苏设立的"省宣传文化系统青年文化人才"，浙江设立的"省宣传思想文化青年英才"等，这些人才计划和工程给予了在地方哲学社会科学科研机构的青年人才以更大的发展空间和更多的成长机会，而入选这些人才计划的青年英才也从一

---

① 罗洪川等：《我国博士毕业生去向及就业特征分析——基于2015—2020年博士毕业生数据的分析》，《学位与研究生教育》2022年第1期。
② 李奕赢、朱军文：《高校海归青年教师首聘期工作满意度的地域差异研究——基于2008—2017年20所城市调查数据的分析》，《高等教育研究》2018年第11期。

个侧面反映出地方相关机构的青年人才吸引和培养成效。

3. 人才队伍素养

对于哲学社会科学人才高地的建设而言，已有人才队伍的素养也是吸引志同道合的人才前来聚集的重要条件，就人才队伍整体而言，合理优化的结构是各项工作高效开展的前提。通常而言，科研人才的结构包括年龄结构、学历结构、专业结构等。

首先就科研团队而言，不同年龄层的人才的创造力和生产力有较大差异。通常哲学社会科学领域科研人才的学术生命周期开启得要晚于自然科学领域，一个应届博士生如期毕业后的年龄通常为28—30岁，这也可以视作其职业生涯的正式开端。对于科研人才个体而言，不同细分学科领域的学术年龄分布特征[1]和学术生命周期[2]形态都不尽相同。根据人才个体在整个学术生命周期中的科研产出涨落形态，目前研究得出的曲线形状有单峰结构、双峰结构、多峰结构、线性曲线、无峰曲线等。[3] 但从大趋势来看，几乎所有学科，直到学术年龄40岁左右（实足年龄70岁左右），学术产出才会出现明显的下滑，而其中实足年龄36—55岁往往被视为学术生命周期中的黄金阶段。[4] 具体到哲学社会科学领域同样适用：35岁以前是"起步期"，是其对博士期间研究领域的路径依赖阶段，和步入职业生涯研究

---

[1] 缪亚军、戚巍、钟琪：《科学家学术年龄特征研究——基于学术生产力与影响力的二维视角》，《科学学研究》2013年第2期。"学术年龄"通常从学者发表第一篇学术论文的年份开始计算。

[2] 阎光才：《学术生命周期与年龄作为政策的工具》，《北京大学教育评论》2016年第4期。

[3] 高志、张志强：《个人学术影响力与年龄的变化规律研究进展——基于自然科学领域》，《情报杂志》2016年第2期。

[4] 阎光才：《学术生命周期与年龄作为政策的工具》，《北京大学教育评论》2016年第4期。

领域的沉淀准备期，是从学生向学者的转型时期；35 岁之后到 45 岁之前，也就是广泛定义下的"青年学者"，这是人才发展的"爆发期"，是成果的高产期，通常是科研人才最具创造力和生产力的时期，处在这一时期的人才通常是一个团队的骨干群体，是团队的先锋和支柱；45 岁之后到 55 岁之前，是人才发展的"成熟期"，发展比较顺利的人才在这一时期基本已经在所处的研究领域有较深的根基，深处学术共同体之中，有稳定的"圈子"，是团队的压舱石和主心骨；55 岁之后，是人才发展的"收获期"，相对突出的人才会成为所在研究领域的带头人，拥有比较广泛的资源和人脉，成为一个团队的象征和灵魂。但鉴于不同学科的年龄结构有差异，且传统事业单位性质的科研机构的人才队伍年龄结构会受到编制、招聘周期等客观条件的较大影响，故不将年龄结构作为人才高地评价的一项主要指标。

（1）高水平人才比重

博士占比：对于哲学社会科学人才高地的标准设定而言，科研机构中博士（含博士后）的人才数量无疑应占据绝对优势。近年来随着国内博士毕业生数量的增加，国家级研究机构更是将博士学历作为人才招聘的基本条件。虽然不能唯学历论英雄，但基于博士培养的规范化和博士毕业条件的严苛性，科研机构中的"博士占比"通常情况下可以作为机构实力的有效表征。那么对于哲学社会科学人才高地而言，无论从吸引条件还是吸引结果来看，"博士占比"都应是一项重要指标。从吸引结果来看，国内部分省份的社会科学院和党校（行政学院）的相关数据显示，就中国社会科学院而言，目前博士占全体专业技术人员的比重为 72.4%，部分年轻人占比较大的研究所甚至可以达到 85%，甚至 90% 以上。但这一比重在地方社会科学院系统中便基本下降到 50% 以下，甚至更低。

高层次人才占比：具体到各个哲学社会科学研究机构来看，

前文表3-3中提到的高层次人才数量都凤毛麟角，在带动机构向高水平发展或保持高地地位的过程中都扮演重要的角色。北京大学中文系作为中国语言文学研究领域的翘楚，拥有一级教授1名、中央文史馆馆长1名、北京大学博雅讲席教授4名，[①]以及7位长江学者、10余位人文特聘教授、20余位跨（新）世纪人才等。中国社会科学院世界经济与政治研究所（以下简称"世经政所"）作为国家高端智库"国家全球战略智库"实体依托单位，高层次人才数量上的优势是其核心竞争力之一，世经政所现在职学者中共计22人次，12人获得国家级人才荣誉称号，其中国务院政府特殊津贴专家8名、国家百千万人才工程国家级人选3名、全国宣传文化系统"四个一批"人才2名、国家"万人计划"哲学社会科学领军人才2名、"万人计划"青年拔尖人才3名、中宣部宣传思想文化青年英才2名、全国新闻出版行业领军人才1名、国家百千万人才工程"有突出贡献中青年专家"1名、中央国家机关优秀共产党员1名。中国社会科学院考古研究所作为国内规模最大、历史最悠久的国家级考古科研机构，在同行领域处于龙头地位，其高层次人才存量同样十分可观，尤其是青年人才表现突出，拥有中宣部宣传思想文化青年英才2名、"万人计划"青年拔尖人才5名。又如在政治学领域，全国的政治学人"致广大而尽精微"[②]，各支研究力量在不同的领域分别形成研究专长。清华大学社会科学学院政治学系虽然起步相对较晚，但近年来依托有竞争力的薪资和学术声誉，吸引了一批顶尖人才，作为全职教师仅有11人的清华

[①] 讲席教授的设立旨在延揽国内外顶尖级学者，稳定一流学术人才，培养和建设高水平师资队伍，使北大汇聚各学科领域的领军人物，长期立于思想和学术前沿。详见北京大学教育基金会网站，https://www.pkuef.org/info/1161/4205.htm。

[②] 王炳权、杨睿智：《新时代中国政治学"三大体系"建设的发展与创新》，《广西师范大学学报》（哲学社会科学版）2023年第1期。

大学政治学系，每一位老师都是一个"六边形战士"。其中 7 位教授在政治学研究领域均可算名副其实的领军人才。①

（2）人岗匹配程度

专业结构体现在各相关研究领域，实则应考察人才个体的能力是否与岗位需求相匹配，人才团队的配置是否与机构的主责主业相匹配。以中国社会科学院为代表的哲学社会科学科研院所是有自身明确的职能定位的，下设的每一个研究所也有明确的学科定位，研究室作为最基层的研究单元，也是基于某一个具体的学科方向而设立。哲学社会科学科研人才不是自由学术撰稿人，都会基于"研究领域"和"岗位职责"两方面因素而对应其学科归属。科研人才在学历教育期间都会具有明确的学科领域和研究方向，进入特定的工作岗位之后，会基于岗位要求和职业发展规划继续坚持或适当调整自己的研究领域甚至所属学科。但在一定时间段内，应当保持聚焦和稳定。研究发现，精专程度更高、研究方向稳定性更高的科研人员的发文量更高，且其研究主题更能代表整个学科领域的热点研究方向。②当然不能忽视，近年来随着知识更新速度的不断加快和学科交叉融合的趋势愈加明显，部分科研人员的研究方向出现多样化、跨学科的趋势，高质量的跨学科研究应当建立在深耕某一领域的基础上再拓展，但具有捕捉研究前沿的敏锐度也是科研人才胜任力的重要体现。与此同时，哲学社会科学领域的科研人才在满足自身研究兴趣的同时，还都肩负着"为人民做学问"的使命，③ 所属研究机构会对各个岗位有具体的职责要求，对学科

---

① 人员名单和简介详见清华大学社会科学学院网站（https://www.dps.tsinghua.edu.cn/szll.htm）。

② 谢伏瞻：《加快构建中国特色哲学社会科学学科体系、学术体系、话语体系》，《中国社会科学》2019 年第 5 期。

③ 杜宇玮：《新形势下地方社科院智库研究的定位、理念与方略》，《智库理论与实践》2021 年第 5 期。

发展有规划设计，科研人才个体需要符合这条主责主线的发展要求。对于承接中央或者地方决策部门委托的关乎国计民生和经济社会发展的重要研究议题，要有能力素质和研究基础相匹配。如果长期过度聚焦于一些与社会发展相脱节的议题，或者研究角度较闭塞，便会逐渐难以胜任岗位职责的要求。对于哲学社会科学"五路大军"的其他几支队伍而言，党校行政学院系统和高校在衡量人才的胜任力情况时会更多关注其授课能力。对于部队院校、党政部门研究机构等，则对人才的应用对策研究能力会相对更高。只有人岗匹配，人才素质与机构主责主业和发展方向匹配，人才高地的建设才会在正确的方向上不断向前。

（四）存在的问题

就哲学社会科学人才高地的吸引力而言，目前存在的突出问题有三个方面。

1. 人才吸引的价值错位问题仍然存在

从人才吸引的条件来看，"唯学历""唯头衔""唯帽子"等现象，高竞价态势，发展机制和价值错位[①]的问题仍然存在。党的十九大后，"推进高质量发展"的要求进一步刺激了地方人才争夺的需求，加之第三波婴儿潮尾端人口进入工作窗口，"引才大战"以燎原之势延展开来，聚焦于降低落户门槛、提供就业创业扶持、住房购房补贴、子女入学优惠等一系列促进人才发展的公共服务政策是各地引才的重要抓手。从2020年第二季度起，随着新冠疫情防控态势的逐渐缓和、各

[①] 徐刚：《发展错位到错位发展：地方高层次人才引进同侪效应的治理逻辑》，《软科学》2023年第5期。

地复工复产节奏的加快，一些城市已提前布局，争相推出"政策福利礼包"吸引人才落户，新一轮的"引才大战"已悄然打响。与第一轮相比，降低落户门槛、提供购房补贴等对应的"落户"和"安居"两项仍是引才政策的重中之重。但近年来，随着城市差异化的缩小、同质化的增强，人才争夺中若拿不出新颖的、独特的政策，恐怕达不到预期效果，但物极必反，各地为在争抢人才中取胜，非理性加大"筹码"，不切实际地提出公共服务保证、高标准定价和降低引入门槛。"引才大战"的热闹景象下逐渐暴露出人才标准狭隘、盲目攀比定价，府际恶性竞争加剧、中长期规划能力不足，增量人才与存量人才矛盾凸显等一系列问题。而就哲学社会科学人才而言，虽然在各地引才对象中占比不高，但引才条件中的"非理性"问题同样存在，引进对象仍没有跳出"唯学历""唯头衔""唯帽子"等惯性，但花高成本引进后的人才，由于成长环境、发展空间等方面无法有效满足，人才"边引进边流失"的现象严重。

2. 人才吸引的极化分布现象仍然严重

从人才吸引的结果来看，极化现象凸显，具体体现在人才分布的地域极化、机构极化和学科极化等方面。如前文所言，基于资源分布的不均衡性和哲学社会科学发展环境、氛围的差异性，"胡焕庸线"分割出的地域差异在哲学社会科学人才分布领域同样存在，马太效应明显，中西部地区吸引到的人才层次低、吸引来的人才留不住等问题难以破局，尤其是近年来，在全国博士扩招的大环境下，中西部的社会科学院等哲学社会科学科研机构却难以吸引到博士学位的科研人才，这无疑会影响到相关学科的高质量发展。相对应地，随着2017年之后全国高校的去行政化改革和"双一流"建设步伐加快，各地高水平大学得益于其相对灵活的机制和市场化经费的注入，很快成为所在地区的"科研人才"高地,并且这一趋势在经济欠发达地区更为明显。高校由于其能够提供更具竞争力的薪资待遇,往往会在人才吸引中优先获取第一梯队的优秀人才,其他类型的科研院所薪酬低的同时,还会受到各地体制内人事招聘制度、编制等条件限制,在高水平人才吸引方面竞争力较差。北上广深等超一线城市,因为户口、社会地位、学术资源等其他非经济因素的稀释,人才在机构间分布的极化现象相对不明显,但仍存在同样的趋势,近年来中央党校(国家行政学院)、中国社会科学院等科研机构明显感受到来自高校的人才竞争压力。除此之外,哲学社会科学人才分布的学科极化也是近年来更为凸显的现象,尤其是冷门绝学等的传承面临较大困境,市场化大潮的冲击使得刚入行的青年学者往往面对更强的经济压力。同热门学科相比,冷门绝学在投入回报方面处于劣势,需要从业者有更大的决心和意志力。尤其是地方科研院所,由于资源支撑能力相对更差,许多学科都面临着后继无人的挑战。

3. 人才吸引中"一老一小"资源激励不够

人才梯队的分层分类施策成效仍不显著,"一老一小"的人才资源没有得到有效利用。在"老中青"人才梯队分布中,中间层的质量是一个机构核心竞争力的保证,但两头的"一老一小"的人才质量才是一个机构能够脱颖而出的比较优势。就青年人才角度而言,哲学社会科学的许多机构都仍处于被动"吸引"的状态,"传帮带"和"作坊式"的师徒制机制应用远不及自然科学领域。对青年人才的吸引应当从其学生时代就开始有意识地定向培养。近年来,哲学社会科学"五路大军"的差异性日渐明显,人才的需求方向和匹配条件开始出现分化。人才吸引的成功体现在能够吸引到与岗位要求最匹配的人才,而不一定是能力最强的人才。这种人岗匹配难以通过一次笔试和一次面试便可有效识别，而应当是在项目中历练、在实践中识人。但目前，引导青年学生理解"哲学社会科学"研究的使命和价值的实践探索不多，引导其服务国家重大需求的有效措施不多。与青年人才相对应，退休的或者已经退居二线的老学者也是一个机构的宝藏。尤其是对于体制内研究机构而言，到点退休的限制使得很多仍精力充沛的老学者潜力没有得到有效挖掘和充分发挥，体制内的部分条件约束也造成了退休人才向体制外机构或者用人机制更灵活的研究机构的流失。

（五）政策建议

针对上述三个方面的问题，从有志于建设哲学社会科学人才高地的各家机构或者是对在有效吸引聚集哲学社会科学科研人才角度而言，可以从以下三个方面进一步发力。

1. 持续做精对人才资源的分类和人岗匹配

做优做精做细人才分层分类，提升人才匹配度。在"异质空间"定位中，突破"你有的，我也要有"意识，走差异化发展路线，结合自身需求定位和特色优势吸引人才。"五路大军"下的各家机构对标"主责主业"，清晰界定发展方向和目标人群，并就所需要的人才群体进行精细化分层和标准化分类，配套设计的人才吸引条件应当实事求是、尽力而为、量力而行，以吸引到最合适的人才为目标，实现人岗匹配、人职匹配。就每一类人才的标准设定可以采用"菜单式"，列出符合标准的多种情况，让人才可以基于自身的实际情况和优势特色做选择。既鼓励斜杠式复合型人才，又鼓励集中某一领域做大做强的单一型人才。而对于特别优秀的顶尖拔尖人才，或者急需紧缺人才，可采取一事一议、一人一策的方式，充分尊重人才的个性化诉求，不拘一格降人才。

2. 系统优化对人才资源的区域和机构布局

加强顶层设计,优化哲学社会科学各类型机构的区域化布局,有计划性、有针对性、有侧重性地支持和扶持一批重点发展学科的科研团队。科学研究事业的发展不能完全依托于市场的资源配置机制,需要各地方相关主管部门的统筹设计,需要其他相关机构的积极支持。党的十八大以来,中国特色新型智库建设热潮的推进用将近十年的时间解决了哲学社会科学领域应用型研究的全国科学布局和规范化发展,但基础研究领域、冷门绝学领域的相关学科发展和人才队伍培养建设问题仍没有得到有效解决,"五路大军"的未来发展路线和差异化定位问题还没有得到系统化讨论,这些都需要哲学社会科学领域相关部门的通力协作,共同设计、共同探索。这些问题的解决需要一些耐心,也更需要一些情怀。

3. 切实加强对人才资源的尊重和关心爱护

进一步助推在全社会形成尊重知识、尊重人才、尊重创造的良好风尚。各机构应加强对"一老一小"人才资源的重视,加强对青年人才的系统培养,加强对退休人才的拴心留人。青年科研人才是科研单位的生力军和未来发展的希望,青年人理想远大、信念坚定,是一个国家、一个民族无坚不摧的前进动力。吸引并用好优秀青年人才,关键在于做好青年科研人才的思想政治工作,教育引导广大青年牢固树立对马克思主义的信仰、对中国特色社会主义的信念、对中华民族伟大复兴中国梦的信心,以此引领科学研究工作的开展。而对于仍愿意奋斗在哲学社会科学科研工作前线的退休干部人才,应探索建立灵活用人机制,让他们仍能够在相关领域继续自己的研究,继续发光发热。

四　中国哲学社会科学人才高地管理力研究

（一）概念界定

党的二十大报告要求"培育壮大哲学社会科学人才队伍"[①]。从培育壮大哲学社会科学人才队伍，进而到建设哲学社会科学人才高地，是一个高层次人才要素与高水平人才发展环境相互整合的过程。中国哲学社会科学人才高地吸引力反映的是某一机构或区域的高层次人才要素集聚条件和结果，人才高地管理力体现了某一机构或区域的高水平人才发展环境营造情况。中国哲学社会科学人才高地的管理力是指某一机构或区域对哲学社会科学人才思想政治、科研诚信与职业发展的引领、规范与支持情况，其中既包括发展平台类的硬件条件支持，也包括体制机制类的制度环境支持。

（二）现状综述

2016年5月17日，习近平总书记发表《在哲学社会科学工

[①] 习近平：《高举中国特色社会主义伟大旗帜　为全面建设社会主义现代化国家而团结奋斗——在中国共产党第二十次全国代表大会上的报告》，人民出版社2022年版。

作座谈会上的讲话》（以下简称"5.17"重要讲话）以来，哲学社会科学"五路大军"坚持将人才作为引领发展的第一资源，人才管理力显著提升，具体呈现出四大趋势。

趋势一：人才思想政治引领不断加强。哲学社会科学属于与政治上层建筑相对应的思想上层建筑，具有鲜明的意识形态属性，哲学社会科学人才高地首先是思想政治高地。"5.17"重要讲话以来，哲学社会科学战线始终坚守意识形态底线，从外在的组织建设到内在的知识生产不断加强人才思想政治引领，鼓励哲学社会科学人才深怀爱国之心、砥砺报国之志，主动担负起时代赋予的使命责任。从外在的组织建设来看，全国马克思主义学院建设如火如荼，习近平新时代中国特色社会主义思想研究中心（院）覆盖机构多元，研究特色鲜明，各类组织不断创新思政工作举措。从内在的知识生产来看，思政课程与教材加快改革，体系逐步完善；"三报一刊"作为产出思政理论观点的前沿阵地，阐释、宣传习近平新时代中国特色社会主义思想的职责使命日益彰显；各种思政教育活动广泛开展。

趋势二：人才科研诚信规范加快落实。信守科研诚信是哲学社会科学人才为人为学的基本规范，哲学社会科学人才高地务必是风清气正的诚信高地。2018年5月30日，中共中央办公厅、国务院办公厅颁布的《关于进一步加强科研诚信建设的若干意见》对中国哲学社会科学科研诚信工作做出总体部署，明确提出要做好受理举报、核查事实、日常监管等工作，并建立跨部门联合调查机制，组织开展对科研诚信重大案件的联合调查。2019年5月16日，中宣部、教育部、科技部、中共中央党校（国家行政学院）、中国社会科学院、国务院发展研究中心、中央军委科学技术委员会联合发布《哲学社会科学科研诚信建设实施办法》，明确并细化哲学社会科学领域科研诚信管理的组织体系、科研诚信教育、违背科研诚信行为的认定处理及申诉复核程序与保障监督措施，确定哲学社会科学科研诚信建设联席会议为全国哲学社会科学科研诚信建设的领导机构，并设立哲学社会科学科研诚信管理办公室作为办事机构，哲学社会科学人才的科研诚信规范得以快速落实。2020年12月10日，教育部印发《关于破除高校哲学社会科学研究评价中"唯论文"不良导向的若干意见》，提出加强科研诚信建设，健全集教育、预防、监督、惩治于一体的学术诚信体系，建立学术诚信档案，实行科研诚信信息跨部门跨区域共享共用，对严重违背科研诚信的责任人采取联合惩戒措施。

趋势三：人才发展平台支撑稳步夯实。从硬件条件来看，一流的发展平台为建设哲学社会科学人才高地奠定坚实支撑。支撑哲学社会科学人才发展的平台主要包括学科、学会、期刊、研究基地（实验室）和智库机构等。学科是集聚人才、培养人才的基本单元，与第一轮"双一流"建设相比，第二轮"双一流"建设中哲学社会科学建设学科占比从22.53%上升至27.79%。学会通过开展多种形式的学术活动活跃学术思想、传播学术信息、增进学术交流、壮大学术队伍，桥梁与纽带功能日益凸显。期刊不断提高办刊水平，为哲学社会科学人才学术争鸣提供阵地。依托人文社会科学重点研究基地、教育部国别和区域研究培育基地和哲学社会科学实验室等研究基地（实验室），机构或区域得以集聚研究力量，整合研究资源。以国家高端智库为代表的中国特色新型智库体系充分发挥咨政建言、理论创新、舆论引导、社会服务、对外交流等功能，为培养智库人才奠定扎实基础。

趋势四：人才管理制度环境持续优化。从制度环境来看，哲学社会科学人才高地在人才制度体系、培育、激励、评价、经费管理等方面灵活包容的制度创新，为建设哲学社会科学人才高地营造良好氛围。哲学社会科学领域人才发展体制机制的重要领域和关键环节取得突破性进展，中国的制度优势日益转化为人才优势,人才制度体系的"四梁八柱"基本形成,有利于人才成长成才的培育机制、人才各展其能的激励机制、人才脱颖而出的评价机制、人才减负松绑的经费管理机制更加完善,"官本位"、行政化传统得到进一步破除,真正以人才为本,信任人才、尊重人才、善待人才、包容人才的良性氛围日益浓厚。

(三) 分维度分析

中国哲学社会科学人才高地的管理力具体可以从思想政治引领、科研诚信规范、发展平台支撑与管理制度创新四个方面加以衡量,分析维度具体见表4-1。

表4-1　　中国哲学社会科学人才高地管理力分析维度

人才高地管理力	思想政治引领	意识形态底线
		思政组织建设
		思政知识生产
	科研诚信规范	
	发展平台支撑	一流学科
		一级学会
		高水平期刊
		重点基地(实验室)
		高端智库
		特色数据库
	管理制度创新	人才制度体系创新
		人才培养机制创新
		人才激励机制创新
		人才评价机制创新
		人才流动机制创新
		经费管理制度创新

1. 思想政治引领

（1）意识形态底线

要建设中国哲学社会科学人才高地，守牢意识形态底线属于基本要求。意识形态是精神之旗、思想之要，是党的一项极端重要的工作。党的十八大以来，中央印发《党委（党组）意识形态工作责任制实施办法》，首次以党内法规形式对党委（党组）意识形态工作做出制度规定。2019年，中央颁布《中国共产党宣传工作条例》；2020年，中央修订《党委（党组）意识形态工作责任制实施办法》，为做好意识形态工作提供更加坚实有力的制度支撑。哲学社会科学人才高地必须坚持正确的政治方向、价值取向和学术导向，做到有所为有所不为。对于突破意识形态底线的行为坚决抵制，一票否决。

（2）思政组织建设

中国哲学社会科学人才高地需要思政组织建设汇聚力量。思想政治组织建设主要涉及马克思主义学院、马克思主义理论学位授权点、习近平新时代中国特色社会主义思想研究中心（院）和各类组织开展的思想政治引领活动。党的十八大以来，全国高校马克思主义学院数由450余家增长到2021年的1400余家，其中中宣部、教育部重点支持37家全国重点马克思主义学院，另有山西大学、海南师范大学、云南大学、陕西师范大学的马克思主义学院入选全国重点马克思主义学院培育单位。教育部支持建设200余家示范马克思主义学院和优秀教学科研团队。马克思主义理论一级博士学位授权点由2016年的39个增至2021年的104个，一级硕士学位授权点由2016年的129个增至2021年的279个。①

---

① 《教育部：全国高校马克思主义学院九年增长十余倍由100余家发展到1440余家》，2022年3月17日，教育部网站，http://www.moe.gov.cn/fbh/live/2022/54301/mtbd/202203/t20220318_608685.html。

为进一步深化习近平新时代中国特色社会主义思想的研究阐释，从2017年起10家习近平新时代中国特色社会主义思想研究中心（院）在中央党校、中国社会科学院、北京大学、清华大学和中国人民大学等地成立。2020年习近平外交思想研究中心由外交部依托中国国际问题研究院设立，2021年在国家发展改革委、生态环境部、中国法学会等又成立了第二批7家机构。18家研究中心（院）机构类型多样，研究实力雄厚，研究定位各具特色。

在机构层面，复旦大学针对目前教师队伍面临的人员构成复杂化、政治思想认同多元化、党员比例较低等新情况，多措并举加强哲学社会科学人才思想政治引领。一是突出实践锻炼，实施中青年骨干教师轮训计划，组织赴国家重点单位考察实践，把校外挂职锻炼作为骨干教师培养的制度性安排；二是突出关口前移，明确将骨干教师入党作为院系书记一把手工程，探索形成"一引领三关心"的校院两级工作机制，做好人才的"生活关心、事业关心、思想关心"；三是突出持续跟踪，建立骨干教师重点发展关注对象数据库，形成"一人一表、一人一策"。近几年，中青年教职工表达入党意愿、提交入党申请书和加入党组织的数量呈上升趋势。[1]

（3）思政知识生产

另外，中国哲学社会科学人才高地也要作为思想阵地积极发声，生产思政知识。思政知识生产活动包括改革课程与教材、创新理论与观点、开展教育与培训。自2021年秋季学期开始，全国大中小学开始实施新时代学校思政课课程教材改革，以了解学习、理解把握习近平新时代中国特色社会主义思想为课程

---

[1] 《举旗帜，聚英才，做好新时代人才政治引领和政治吸纳——复旦大学加强教师队伍建设的探索实践》，2019年7月18日，共产党员网，https://www.12371.cn/2019/07/18/ARTI1563430999431648.shtml。

主线，在课程目标、课程体系、课程内容、教材体系方面引导学生坚定"四个自信"，做德智体美劳全面发展的社会主义建设者和接班人。

就改革课程与教材而言，2022年1月，教育部教材局启动"马克思、恩格斯、列宁关于哲学社会科学及各学科重要论述摘编"。截至2021年10月，已出版教育部马克思主义理论研究和建设工程（以下简称"马工程"）重点教材75种，中宣部马工程重点教材35种，同时适时启动已出版"马工程"重点教材修订工作，基本覆盖哲学社会科学各学科专业基础课程和主干课程，全面覆盖高校思想政治理论课程，马克思主义在一些学科中"失语"、教材中"失踪"现象得到极大扭转。

就创新理论与观点而言，"三报一刊"（《人民日报》《光明日报》《经济日报》《求是》）作为产出思政理论观点的前沿阵地，承担着阐释、宣传习近平新时代中国特色社会主义思想的职责使命。"三报一刊"发表的优秀理论文章或批判错误思潮文章体现了哲学社会科学人才高地在生产思政理论观点方面的贡献。

就开展教育与培训而言，宣传思想文化领域高层次人才国情研修班面向全国文化名家暨"四个一批"人才、国家"万人计划"青年拔尖人才（哲学社会科学、文化艺术类）、宣传思想文化青年英才等群体组织开展，对于加强哲学社会科学人才的党性锤炼与社会主义核心价值体系教育发挥了重要作用。

在机构层面，云南省委党校（云南行政学院）结合党校（行政学院）实际，不断强化阵地建设和思政教育。认真落实政治家办报、办刊、办网站的要求，始终坚持党校姓党、党报姓党的办刊原则，办好《中共云南省委党校学报》《云南行政学院学报》《创造》和党校（行政学院）门户网、干部教育网、微信公众号"三刊两网一号"，旗帜鲜明地弘扬主旋律、传播正能量。充分发挥校（院）"三刊"学习研究宣传党的理论和路线方针政策的思想引领作用,加强意识形态安全教育和管理,建立网络信息专项清理、涉外工作意识形态排查、个人信息发布引导和监督等机制,补齐意识形态工作短板。①

2. 科研诚信规范

科研诚信规范与意识形态底线一样,属于"一票否决"的刚性标准。中国哲学社会科学人才高地需要加强学风建设,健全科研诚信管理制度,构建教育、自律、监督、惩治一体化的科研诚信体系,建设覆盖全面、共享联动、动态管理的科研诚信信息系统,并在项目申报、职称评聘、奖励评定等工作中,加大对学术不端行为的处理问责力度。"5.17"重要讲话以来,尽管哲学社会科学人才队伍总体上恪守科研诚信规范,但根据哲学社会科学科研诚信管理网站(http://kycx.cssn.cn/)披露,仍有个别论文抄袭、剽窃等触碰科研诚信红线的案例发生。2019—2021年国内被曝光的学术不端案例数量分别为13起、56起和351起。② 哲学社会科学人才高地对于科研诚信失范行为坚决实行"零容忍",一经披露将触发"一票否决"机制。

2019年4月,中国社会科学院成立科研诚信办公室后,一是迅速建立案件查处制度,制定违背科研诚信要求行为的调查处理规则,不断完善科研诚信制度体系。二是筹备并召开四届全国哲学社会科学科研诚信联席会议,并联合中国社会科学院直属机关党委召开三次全国哲学社会科学道德学风论坛。在2020年10月由中国社会科学院主办,中共云南省委宣传部、中国社会科学院直属机关党委、中国社会科学评价研究院、云南省社会科学院、中国(昆明)南亚东南亚研究院共同承办的

---

① 《自觉守牢把好意识形态工作的主阵地》,2020年10月26日,云南网,https://m.yunnan.cn/system/2020/10/26/031070390.shtml。

② 中国社会科学评价研究院科研诚信管理办公室:《哲学社会科学科研诚信建设发展报告(2018—2021)》。

"第三节全国哲学社会科学道德与学风建设论坛暨第七届全国人文社会科学评价高峰论坛"上发出的《恪守初心 诚信自律》的云南倡议，在学界引起热烈反响。三是组织多次道德与学风建设培训班和专题报告会，翻译编辑《国内科研诚信制度规范及相关文件汇编》《国内外科研诚信制度规范及相关文件汇编》《国内学术不端典型案例汇编》《国内科研诚信撤稿事件汇编》《国外学术不端典型案例汇编》等案例汇编。

在机构层面，哲学社会科学各机构也积极加强科研诚信教育与管理。中央党校（行政学院）邀请科学家来校（院）讲座，将科研诚信建设纳入科研管理培训，引导教研人员深入学习思考科研诚信精神，将科学探索与自身肩负的社会责任相关联，以求实现制度规定、部门监督与学者自律三者相结合。

国务院发展研究中心要求中国发展研究奖推荐申报单位签署科研诚信承诺书，首次提出项目推荐单位必须签署承诺书的要求，推荐单位必须郑重承诺。如若违背，将接受中国发展研究奖评审委员会做出的各项处理决定，包括但不限于记入科研诚信严重失信行为黑名单。

3. 发展平台支撑

（1）一流学科

中国哲学社会科学人才"单位人"与"学术人"的双重身份决定其处于工作单位与学科专业的二维矩阵之中，学科发展水平对于支撑哲学社会科学人才成长的重要意义不言而喻。加之当前中国的学术体制日益倾向于以学科为口径划拨建设经费，学科平台不仅为打造哲学社会人才高地提供着专业支撑，而且也决定着经费保障。

在高校系统中，一流学科代表了学科建设的最高水平。在2017年公布的第一轮"双一流"建设高校及建设学科名单中，共遴选出466个一流学科，其中，哲学社会科学学科105个，占比 22.53%。在 2022 年公布的第二轮"双一流"建设名单中，除清华大学、北京大学两校自行公布一流学科外，共有一流学科 331 个，其中，哲学社会科学学科 92 个，占比 27.79%，涉及 40 所部属高校和 11 所省属高校。哲学社会科学"双一流"学科建设高校的分布情况如下。

由表 4-2 可知，中国人民大学入选的哲学社会科学一流学科数量最多，达到 13 个；其次为北京师范大学、复旦大学和南京大学，哲学社会科学一流学科数量分别为 7 个、7 个和 5 个，其余学校入选学科数均少于 5 个，而半数以上的高校只有 1 个学科入选。

表 4-2　　第二轮哲学社会科学一流学科建设高校分布情况

学科	高校	学科	高校
0101 哲学	中国人民大学	0301 法学	中国人民大学
	北京师范大学		中国政法大学
	山西大学		武汉大学
	复旦大学		中南财经政法大学
0201 理论经济学	南京大学	0302 政治学	中国人民大学
	中山大学		外交学院
	中国人民大学		复旦大学
	南京大学		华中师范大学
	武汉大学	0303 社会学	中国人民大学
0202 应用经济学	中国人民大学	0304 民族学	中央民族大学
	中央财经大学		云南大学
	对外经济贸易大学	0305 马克思主义理论	中国人民大学
	南开大学		东北师范大学
	辽宁大学		复旦大学
	复旦大学		武汉大学
	上海财经大学		新疆大学
	西南财经大学	0306 公安学	中国人民公安大学

续表

学科	高校	学科	高校
0401 教育学	北京师范大学	0603 世界史	南开大学
	东北师范大学		东北师范大学
	华东师范大学	1201 管理科学与工程	天津大学
	厦门大学		浙江大学
	华中师范大学		合肥工业大学
	西南大学		西安交通大学
0401 心理学	北京师范大学		国防科技大学
0403 体育学	北京体育大学	1202 工商管理	中国人民大学
	上海体育学院		上海交通大学
0501 中国语言文学	北京师范大学		中山大学
	复旦大学		西安交通大学
	南京大学	1203 农林经济管理	中国人民大学
	山东大学		浙江大学
	华中师范大学		华中农业大学
	陕西师范大学	1204 公共管理	中国人民大学
0502 外国语言文学	北京师范大学	1205 图书情报与档案管理	中国人民大学
	北京外国语大学		南京大学
	延边大学		武汉大学
	复旦大学	1301 艺术学理论	东南大学
	上海外国语大学	1302 音乐与舞蹈	中央音乐学院
	南京大学		中国音乐学院
	湖南师范大学		上海音乐学院
0503 新闻传播学	中国人民大学	1303 戏剧与影视	北京师范大学
	中国传媒大学		中国传媒大学
0601 考古学	吉林大学		中央戏剧学院
	西北大学	1304 美术学	中央美术学院
0602 中国史	中国人民大学		中国美术学院
	北京师范大学	1305 设计学	中央美术学院
	复旦大学		同济大学

资料来源：根据教育部、财政部、国家发改委公布的"双一流"建设学科名单整理所得。

分地区来看（表4-3），第二轮哲学社会科学一流学科建设高校覆盖全国20个城市，其中，北京市除北京大学和清华大学自主确定建设学科外，以35个入选学科数量位居全国首位；上海市以14个入选学科数量位列第二；武汉市和南京市分别有9个和6个哲学社会科学一流学科入选，其余地区的入选学科数均少于5个。

表4-3　第二轮哲学社会科学一流学科建设高校地区分布情况

序号	地区	学科数量
1	北京市	35
2	上海市	14
3	武汉市	9
4	南京市	6
5	西安市	4
6	长春市	4
7	杭州市	3
8	天津市	3
9	广州市	2
10	长沙市	2
11	成都市	1
12	合肥市	1
13	济南市	1
14	昆明市	1
15	厦门市	1
16	沈阳市	1
17	太原市	1
18	乌鲁木齐市	1
19	延边朝鲜族自治州	1
20	重庆市	1

资料来源：根据教育部、财政部、国家发改委公布的"双一流"建设学科名单整理所得。

（2）一级学会

哲学社会科学领域是知识分子密集的地方，不同学科的哲学社会科学人才围绕各自的知识体系分割学术领地，逐渐形成迥异的学术部落，学会则是学术部落走向建制化的产物。哲学社会科学学会通过开展多种形式的学术活动活跃学术思想、传播学术信息、增进学术交流、壮大学术队伍，发挥着重要的桥梁与纽带功能。

学会有层次之分，组建一级学会意味着该机构或区域在学术共同体中具备卓越领导力，并且能够为哲学社会科学人才发展提供更广阔空间。据统计，在全国450家国家一级学会中，共有哲学社会科学类一级学会281家，其中61家由中国社会科学院主管，1家由中共中央党校主管，4家由军队系统主管，216家由国家各部委主管。[1]

（3）高水平期刊

高水平学术期刊为哲学社会科学人才学术争鸣提供阵地。根据《中国人文社会科学期刊AMI综合评价报告（2022年）》，全国共有哲学社会科学类老牌期刊（指中国内地主办的2016年及以前创办的中文人文社会科学学术期刊）1924种，按照期刊学术水平、综合评价得分及实际工作情况可划分为顶级、权威、核心、扩展及入库五个等级。其中，顶级期刊为等级划分中的最高级别，不仅代表其所在学科的最高研究水平，也代表中国哲学社会科学学术研究的最高水平；权威期刊处在等级划分中的第二个级别，是其所在学科的高水平期刊；核心期刊属于等级划分中的第三个级别，能够代表其所在学科的研究水平；扩展期刊为等级划分中的第四个级别，是其所在学科具有一定学术水平的期刊；在等级划分中处于第五个级别的入库期刊指的

---

[1] 根据《中华人民共和国国家一级学会目录》整理得出。

是虽然已经进入中国人文社会科学引文数据库（CHSSCD），但该刊没有连续5年以上引文数据的期刊。

据统计，1924种哲学社会科学类期刊中共有顶级期刊22种，占比1.14%；权威期刊55种，占比2.86%；核心期刊605种，占比31.44%。① 核心及以上级别期刊共计682种，占期刊总数的35.45%。通过主办顶级期刊、权威期刊及核心期刊的数量，能够衡量哲学社会科学人才高地对于学术话语权的掌握情况。

除了评定期刊级别，期刊获奖也是判断学术期刊办刊水平的重要表征。在哲学社会科学领域，期刊重要奖项包括"中国出版政府奖期刊奖"和"全国百强社科期刊"。前者每三年评选一次，从2007年第一届评选开始，迄今已评选五届，2021年共有20种期刊荣获期刊奖。②

(4) 重点基地（实验室）

依托重点研究基地（实验室），机构或区域得以集聚研究力量，整合研究资源，建设人才高地。哲学社会科学领域重点研究基地（实验室）主要包括人文社会科学重点研究基地、教育部国别和区域研究培育基地与哲学社会科学实验室。1999年以来，教育部在全国66所高校相继设立151个人文社会科学重点研究基地，详细名单见表4-4。人文社会科学重点研究基地的建立几乎涵盖全部传统哲学社会科学学科，有力支撑了哲学社会科学人才高地建设。

---

① 根据《中国人文社会科学期刊AMI综合评价报告（2022年）》整理得出。
② 获奖名单详见国家新闻出版署网站，https://www.nppa.gov.cn/nppa/contents/279/76773.shtml。

表 4-4　教育部人文社会科学重点研究基地一览

序号	所在高校	重点研究基地名称	所属学科
1	北京大学	东方文学研究中心	外国文学
2		外国哲学研究所	哲学
3		汉语语言学研究中心	语言学
4		邓小平理论研究中心	马克思主义
5		中国古文献研究中心	历史学
6		中国考古学研究中心	考古学
7		政治发展与政府管理研究所	政治学
8		中国社会与发展研究中心	社会学
9		中国古代史研究中心	历史学
10		教育经济研究所	教育学
11		美学与美育研究中心	哲学
12		宪法与行政法研究中心	法学
13		中国经济研究中心	经济学
14	中国人民大学	应用统计科学研究中心	统计学
15		刑事法律科学研究中心	法学
16		佛教与宗教学理论研究所	宗教学
17		中国经济改革与发展研究院	经济学
18		伦理学与道德建设研究中心	哲学
19		清史研究所	历史学
20		财政金融政策研究中心	经济学
21		民商事法律科学研究中心	法学
22		欧洲问题研究中心	国际问题研究
23		社会学理论与方法研究中心	社会学
24		人口与发展研究中心	社会学
25		新闻与社会发展研究中心	新闻学与传播学
26		"三个代表"重要思想研究中心	马克思主义

续表

序号	所在高校	重点研究基地名称	所属学科
27	复旦大学	中国古代文学研究中心	中国文学
28		信息与传播研究中心	新闻学与传播学
29		当代国外马克思主义研究中心	哲学
30		历史地理研究中心	历史学
31		中国社会主义市场经济研究中心	经济学
32		美国研究中心	国际问题研究
33		世界经济研究所	经济学
34		中外现代化进程研究中心	综合
35	北京师范大学	民俗典籍文字研究中心	综合
36		文艺学研究中心	中国文学
37		比较教育研究中心	教育学
38		发展心理研究所	心理学
39		史学理论与史学史研究中心	历史学
40		价值与文化研究中心	哲学
41		教师教育研究中心	教育学
42	武汉大学	环境法研究所	法学
43		社会保障研究中心	管理学
44		国际法研究所	法学
45		中国传统文化研究中心	综合
46		信息资源研究中心	图书情报文献学
47		经济发展研究中心	经济学
48		媒体发展研究中心	新闻传播学
49	吉林大学	中国国有经济研究中心	经济学
50		东北亚研究中心	国际问题研究
51		边疆考古研究中心	考古学
52		数量经济研究中心	经济学
53		理论法学研究中心	法学
54		哲学基础理论研究中心	哲学

续表

序号	所在高校	重点研究基地名称	所属学科
55	南开大学	中国社会史研究中心	历史学
56		亚太经济合作组织（APEC）研究中心	国际问题研究
57		跨国公司研究中心	经济学
58		政治经济学研究中心	经济学
59		世界近代史研究中心	历史学
60		公司治理研究中心	管理学
61	中山大学	港澳珠江三角洲研究中心	港澳台问题研究
62		行政管理研究中心	管理学
63		马克思主义哲学与中国现代化研究所	哲学
64		逻辑与认知研究所	哲学
65		历史人类学研究中心	历史学
66		中国非物质文化遗产研究中心	综合
67	华东师范大学	中国现代思想文化研究所	综合
68		中国文字研究与应用中心	语言学
69		课程与教学研究所	教育学
70		基础教育改革与发展研究所	教育学
71		俄罗斯研究中心	国际问题研究
72		现代城市研究中心	综合
73	厦门大学	会计发展研究中心	管理学
74		台湾研究中心	港澳台问题研究
75		高等教育发展研究中心	教育学
76		东南亚研究中心	国际问题研究
77		宏观经济研究中心	经济学
78	南京大学	中国现代文学研究中心	中国文学
79		中华民国史研究中心	历史学
80		长江三角洲经济社会发展研究中心	经济学
81		马克思主义社会理论研究中心	社会学
82	山东大学	当代社会主义研究所	马克思主义
83		易学与中国古代哲学研究中心	哲学
84		文艺美学研究中心	中国文学
85		犹太教与跨宗教研究中心	哲学

续表

序号	所在高校	重点研究基地名称	所属学科
86	四川大学	南亚研究所	国际问题研究
87		道教与宗教文化研究所	宗教学
88		中国藏学研究所（与西藏大学共建）	民族学
89		中国俗文化研究所	综合
90	清华大学	现代管理研究中心	管理学
91		高校德育研究中心	教育学
92		技术创新研究中心	管理学
93	浙江大学	农业现代化与农村发展研究中心	经济学
94		汉语史研究中心	语言学
95		民营经济研究中心	经济学
96	华中师范大学	中国近代史研究所	历史学
97		中国农村问题研究中心	综合
98		语言与语言教育研究中心	语言学
99	兰州大学	西北少数民族研究中心（与新疆大学共建）	经济学
100		敦煌学研究所	中国文学
101	中国政法大学	诉讼法研究中心	法学
102		法律史学研究中心	法学
103	东北师范大学	世界文明史研究中心	历史学
104		农村教育研究所	教育学
105	北京外国语大学	中国外语教育研究中心	语言学
106	北京语言大学	对外汉语研究中心	语言学
107	东北财经大学	产业组织与企业组织研究中心	经济学
108	对外经济贸易大学	世界贸易组织研究院	经济学
109	广东外语外贸大学	外国语言学及应用语言学研究中心	语言学
110	河南大学	黄河文明与可持续发展研究中心	综合
111	黑龙江大学	俄语语言文学研究中心	语言学
112	湖南师范大学	道德文化研究中心	哲学
113	暨南大学	华侨华人研究所	国际问题研究
114	辽宁大学	比较经济体制研究中心	经济学

续表

序号	所在高校	重点研究基地名称	所属学科
115	内蒙古大学	蒙古学研究中心	民族学
116	南京师范大学	道德教育研究所	教育学
117	山西大学	科学技术哲学研究中心	哲学
118	陕西师范大学	西北历史环境与经济社会发展研究中心	经济学
119	上海财经大学	会计与财务研究院	管理学
120	上海师范大学	都市文化研究中心	综合
121	上海外国语大学	中东研究院	国际问题研究
122	苏州大学	中国农村城镇化研究中心	综合
123	天津师范大学	心理与行为研究院	心理学
124	西北大学	中国西部经济发展研究中心	经济学
125	西北师范大学	西北少数民族教育发展研究中心	综合
126	西南财经大学	中国金融研究中心	经济学
127	西南大学	西南大学少数民族教育与心理研究中心	综合
128	安徽大学	徽学研究中心	综合
129	云南大学	西南边疆少数民族研究中心	民族学
130	中国传媒大学	广播电视研究中心	新闻学与传播学
131	中国海洋大学	海洋发展研究院	综合
132	中南财经政法大学	知识产权研究中心	法学
133	中央财经大学	中国精算研究院	经济学
134	中央民族大学	中国少数民族研究中心	民族学
135	中央音乐学院	音乐学研究所	综合
136	安徽师范大学	中国诗学研究中心	中国文学
137	福建师范大学	闽台区域文化研究中心	综合研究
138	河北大学	宋史研究中心	历史学
139	华南师范大学	心理应用研究中心	教育学
140	辽宁师范大学	海洋经济研究中心	经济学
141	南昌大学	中国中部经济发展研究中心	经济学
142	宁夏大学	西夏学研究中心	综合研究
143	山东师范大学	齐鲁文化研究中心	综合研究
144	深圳大学	中国经济特区研究中心	综合研究

续表

序号	所在高校	重点研究基地名称	所属学科
145	首都师范大学	中国诗歌研究中心	中国文学
146	四川师范大学	巴蜀文化研究中心	综合研究
147	湘潭大学	毛泽东思想研究中心	马克思主义
148	延边大学	中朝韩日文化比较研究中心	综合
149	浙江工商大学	现代商贸研究中心	经济学
150	郑州大学	中国公民教育研究中心	教育学
151	重庆工商大学	长江上游经济研究中心	经济学

资料来源：国学网，http://www.guoxue.com/jybrwskzdyjjd.htm。

为深化新时代民族研究工作，进一步落实铸牢中华民族共同体意识的时代要求，大力推动中国民族研究的学科体系、学术体系和话语体系建设，中央统战部、中央宣传部、教育部、国家民委四部委联合发文，公布入选国家首批铸牢中华民族共同体意识研究基地名单，确定10家单位为研究基地、5家单位为研究培育基地，详细名单见表4-5。

表4-5 首批入选"铸牢中华民族共同体意识研究基地"高校名单

研究基地		研究培育基地	
序号	单位名称	序号	单位名称
1	北京大学	1	清华大学
2	东南大学	2	北京师范大学
3	华中科技大学	3	兰州大学
4	暨南大学	4	内蒙古大学
5	四川大学	5	浙江大学
6	新疆大学		
7	云南大学		
8	中国社会科学院		
9	广西民族大学		
10	中央民族大学		

资料来源：中国大学排行榜，https://www.cnur.com/detail/163.html。

为服务国家外交战略、促进教育对外开放，教育部于2011年启动国别和区域研究基地遴选与培育工作，首批共建立国别和区域研究培育基地37个（见表4-6）。截至2022年，已依托高校设立国别和区域研究培育基地42个、备案中心395个，研究国别覆盖世界主要区域和部分"一带一路"共建国家，基本形成了以培育基地为骨干、备案中心为支撑的格局。[①] 国别和区域研究基地通过政策引导、经费支持、项目锻炼、实地调查等方式储备相关研究人才。

表4-6　　　首批教育部区域和国别研究基地名单

区域研究基地	国别研究基地
北京大学 非洲研究中心	北京大学 美国研究中心
北京大学 南亚研究中心	同济大学 德国研究中心
广东外语外贸大学南国商学院 极地问题研究中心（2个）	四川外国语大学 德国研究中心
兰州大学 中亚研究中心	南开大学 日本研究院
西南科技大学 拉美研究中心	北京外国语大学 日本研究中心
天津外国语大学 拉美研究中心	北京航空航天大学 法国研究中心
宁夏大学 阿拉伯研究中心	武汉大学 法国研究中心
浙江师范大学 非洲研究院	广东外语外贸大学 加拿大研究中心
上海师范大学 非洲研究中心	北京外国语大学 加拿大研究中心
贵州大学 东盟研究中心	北京外国语大学 英国研究中心
广西大学 东盟研究中心	上海外国语大学 英国研究中心
北京外国语大学 中东欧研究中心	上海外国语大学 俄罗斯研究中心
四川大学 欧盟研究中心	四川大学 美国研究中心
上海外国语大学 欧盟研究中心	浙江工商大学 日本研究中心
四川大学 南亚研究中心	浙江传媒学院 英国研究中心

① 《对十三届全国人大三次会议第1940号建议的答复》，2020年9月25日，教育部网站，http://www.moe.gov.cn/jyb_xxgk/xxgk_jyta/jyta_gjs/202010/t20201019_495575.html。

续表

区域研究基地	国别研究基地
北京第二外国语学院 阿拉伯研究中心	
北京语言大学 阿拉伯研究中心	
厦门大学 东南亚研究中心	
北京师范大学 俄罗斯研究中心	
北京师范大学 国际教育研究中心	
中山大学 大洋洲研究中心	

2021年中国开始设立哲学社会科学实验室，旨在改革哲学社会科学科研组织模式，首批哲学社会科学实验室名单共包括9个试点实验室和21个培育实验室。入选实验室着眼于服务国家战略和区域发展，瞄准学术前沿，推进学科交叉融合，创新研究范式和方法，充分利用现代信息技术和先进实验手段，开展战略性、前瞻性、实践性研究，推动了哲学社会科学研究现代化，支持了哲学社会科学交叉复合型人才培养。继国家层面建设哲学社会科学实验室之后，安徽省、广东省和浙江省等省份也相继启动省域层面的哲学社会科学实验室建设计划，首批教育部哲学社会科学实验室名单见表4-7。

表4-7　　　　　首批教育部哲学社会科学实验室名单

哲学社会科学培育实验室	哲学社会科学试点实验室
中国人民大学数字政府与国家治理实验室	北京大学语言学实验室
北京师范大学汉字汉语研究与社会应用实验室	清华大学计算社会科学与国家治理实验室
北京外国语大学人工智能与人类语言实验室	中国传媒大学国家舆情实验室
中央音乐学院音乐人工智能实验室	中国政法大学数据法治实验室
对外经济贸易大学全球价值链研究院	南开大学经济行为与政策模拟实验室
天津大学复杂管理系统实验室	吉林大学生物考古实验室
复旦大学国家发展与智能治理综合实验室	合肥工业大学数据科学与智慧社会治理实验室

续表

哲学社会科学培育实验室	哲学社会科学试点实验室
上海交通大学数字化管理决策实验室	武汉大学文化遗产智能计算实验室
华东师范大学智能教育实验室	上海师范大学、上海市教育科学研究院教育大数据与教育决策实验室
上海财经大学会计与财务研究院	
南京大学数据智能与交叉创新实验室	
浙江大学艺术与考古图像数据实验室	
华中科技大学大数据与国家传播战略实验室	
中山大学大数据管理行为与决策实验室	
西南财经大学金融安全与行为大数据实验室	
西安交通大学系统行为与管理实验室	
北京航空航天大学低碳治理与政策智能实验室	
中国科学院大学数字经济监测预测预警与政策仿真实验室	
中国美术学院文创设计智造实验室	
华南师范大学儿童青少年阅读与发展实验室	
云南大学"一带一路"研究院	

资料来源：《9校试点！教育部公布首批教育部哲学社会科学实验室名单》，2021年12月12日，学术桥网站，https：//acabridge.cn/news/202112/t20211212_2187166.shtml。

（5）高端智库

开展智库研究是哲学社会科学人才服务决策的重要途径，智库机构是国家治理能力的重要体现与国家软实力的重要载体，哲学社会科学人才依托智库机构开展智库研究，从而为党和政府科学决策提供智力支持。因此，打造中国哲学社会科学人才高地有必要推进智库机构特别是高端智库建设。

2015年1月，中共中央办公厅、国务院办公厅印发《关于加强中国特色新型智库建设的意见》，提出统筹推进党政部门、社会科学院、党校行政学院、高校、军队、科研院所和企业、社会智库协调发展，形成定位明晰、特色鲜明、规模适度、布局合理的中国特色新型智库体系，重点建设一批具有较大影响力和国际知名度的高端智库，造就一支坚持正确政治方向、德才兼备、富于创新精神的公共政策研究和决策咨询队伍。

2015年12月，确立25家首批国家高端智库建设试点单位，后因中央党校与国家行政学院合并缩减为24家；2020年3月，公布第二批建设名单，有5家单位入选（见表4-8）。以国家高端智库为代表的中国特色新型智库体系加强国情调研，充分发挥咨政建言、理论创新、舆论引导、社会服务、对外交流等功能，开展前瞻性、针对性、储备性政策研究，主动对接决策部门，快速响应政策需求，为培养智库人才奠定扎实基础。

表4-8　　　　　　国家高端智库建设试点单位名单

第一批		第二批
国务院发展研究中心	国家发改委宏观经济研究院	外交部中国国际问题研究院
中国社会科学院	商务部国际贸易经济合作研究院	财政部中国财政科学研究院
中国科学院	北京大学国家发展研究院	科技部中国科学技术发展战略研究院
中国工程院	清华大学国情研究院	北京师范大学中国教育与社会发展研究院
中央党校	中国人民大学国家发展与战略研究院	浙江大学区域协调发展研究中心
国家行政学院	复旦大学中国研究院	
中央编译局	武汉大学国际法研究所	
新华社	中山大学粤港澳发展研究院	
军事科学院	上海社会科学院	
国防大学	中国石油经济技术研究院	
中国社会科学院国家金融与发展实验室	中国国际经济交流中心	

续表

第一批	第二批
中国社会科学院国家全球战略智库	综合开发研究院（中国·深圳）
中国现代国际关系研究院	

资料来源：《第二批国家高端智库建设名单出炉，总数达到29家》，2020年12月28日，国家智库微博，https://weibo.com/ttarticle/p/show?id=2309404587049431728565。

（6）特色数据库

特色数据库对于哲学社会科学人才开展基础理论研究或是应用对策研究，均具有重要参考价值和使用价值。现代信息技术的飞速迭代正在深刻重塑着哲学社会科学人才的科研惯习，在数字化转型浪潮的席卷之下，建设哲学社会科学人才高地越来越需要强化数据库等数字化支撑。2016年5月17日，习近平总书记在哲学社会科学工作座谈会上，明确提出了"加快国家哲学社会科学文献中心建设，构建方便快捷、资源共享的哲学社会科学研究信息化平台"的要求。"5.17"重要讲话后，哲学社会科学领域涌现的大型数据库包括国家哲学社会科学文献中心数据库、中国社会质量基础数据库等。

国家哲学社会科学文献中心数据库由中国社会科学院牵头，教育部、新闻出版广电总局配合建设。具体涵盖国家哲学社会科学学术期刊数据库和哲学社会科学外文OA资源数据库两大子数据库。其中，国家哲学社会科学学术期刊数据库为建设重点，是由全国哲学社会科学规划领导小组批准建设，中国社会科学院承建的国家级、开放型、公益性哲学社会科学信息平台，于2012年3月正式启动，2013年7月16日上线开通。该数据库旨在建设成为中国国内最大的公益性社会科学精品期刊数据库、最大的社会科学开放获取平台，实现学术资源的开放共享，为学术研究提供有力的基础条件，促进学术成果的社会传播，推动中国哲学社会科学繁荣发展、走向世界。现收录精品学术期刊2200多种，国家社科基金重点资助期刊172种，论文超过2300万篇。①

中国社会质量基础数据库由中国社会科学院社会学研究所组织专家团队研发，是中国第一个社会质量研究领域汇集调查数据、指标信息、相关文献，管理"中国社会质量状况调查"纵向数据库，发布"中国社会质量指标"数据，服务于学术研究和政策咨询的数据信息平台，集基础性、综合性、应用性为一体。该数据库的核心数据来自中国社会状况综合调查（Chinese Social Survey，CSS），目的是通过对全国公众的劳动就业、家庭及社会生活、社会态度等方面的长期纵贯调查，来获取转型时期中国社会变迁的数据资料，从而为哲学社会科学人才从事学术研究和政府决策咨询提供翔实而科学的基础信息。该调查为双年度纵贯调查，采用概率抽样的入户访问方式，调查区域覆盖全国31个省/自治区/直辖市，包括151个区、市、县，604个村/居委会，每次调查访问7000—10000个家庭。此调查有助于获取转型时期中国社会变迁的数据资料，研究结果可推论全国年满18—69周岁的住户人口。②

4. 管理制度改革
（1）人才制度体系完善

建设中国哲学社会科学人才高地要强化统筹谋划，搭建哲学社会科学人才制度体系的"四梁八柱"。继2020年4月中共中央办公厅印发《国家"十四五"时期哲学社会科学发展规划》后，浙江省于2021年出台《浙江省哲学社会科学发展"十

---

① 《国家哲学社会科学学术期刊数据库（NSSD）——国内最大的公益性期刊数据库》，国家哲学社会科学学术期刊数据库网站，https://www.nssd.cn/html/1/153/168/index.html?type=470。

② 《中国社会状况综合调查（CSS）》，中国社会质量基础数据库网站，http://csqr.cass.cn/DataExplore/?ProjectID=2018061909463245927261066314。

四五"规划》，并制定首部省级哲学社会科学人才发展规划《浙江省哲学社会科学人才发展规划（2021—2025 年）》。杭州市、宁波市也依据各自实际，制定适用于本市的哲学社会科学发展"十四五"规划。江苏和浙江在全国率先开展哲学社会科学综合性立法，2022 年 7 月 29 日，江苏省十三届人大常委会第三十一次会议和浙江省第十三届人民代表大会常务委员会第三十七次会议分别通过《江苏省哲学社会科学促进条例》和《浙江省哲学社会科学工作促进条例》，明确提出编制哲学社会科学人才发展规划，构建种类齐全、梯队衔接、结构合理、专业突出的哲学社会科学人才队伍。山东省印发《加强哲学社会科学人才队伍建设若干措施的通知》，从加强人才培养引进力度、完善人才评价使用机制、创新人才激励保障机制全面构建哲学社会科学人才队伍制度体系。

也有部分省份不局限于哲学社会科学领域，从更宽广的人才口径完善人才制度体系。例如 2018 年 11 月 29 日，广东省第十三届人民代表大会常务委员会第七次会议通过《广东省人才发展条例》。2020 年 3 月 26 日，山东省第十三届人民代表大会常务委员会第十八次会议通过《山东省人才发展促进条例》，围绕人才培养与开发、人才引进与流动、人才评价与激励、人才服务与保障等方面优化人才发展环境，构建科学规范、开放包容、运行高效、智慧共享的人才发展治理体系。

在机构层面，中国人民大学制定了《新时代人才工作高质量发展 20 条》，从加强思想政治和师德师风建设、构建高质量人才工作体系、建设学校战略人才力量、深化人才发展体制机制改革、推进人才对外交流与合作、强化人才工作组织领导等方面着力，奋力打造中国人文社会科学研究和教学领域的重要人才中心和创新高地。[1]

---

[1] 资料来源：中国人民大学网站（https：//news.ruc.edu.cn/archives/421168）。

（2）人才培养机制改革

建设中国哲学社会科学人才高地要改革人才培养机制，遵循哲学社会科学人才成长规律，构筑学生、学术、学科一体的综合发展体系，推进哲学社会科学人才自主培养。北京大学历史学系与人工智能研究院共同设立"人工智能与历史学"博士生项目，融合两院（系）优势联合培养具有国际视野、高水平、创新型、跨学科的交叉复合人才，以及未来在数字人文领域内具有国内外前沿水平的一流专家。①

清华大学以文科强基计划为抓手，成立日新书院，负责历史学、哲学、汉语言文学和古文字学方向的本科人才培育工作，秉持"中西融汇、古今贯通、文理渗透"的办学宗旨，强化"宽口径、厚基础、重交叉"的培养理念，重点依托人文学院、出土文献研究与保护中心、马克思主义学院的优质师资，充分利用清华大学多学科交叉融合的优势，着力营造潜心育人、师生从游、濡染观摩的书院式教学环境，培养具有精深人文专业知识和广阔跨学科视野，致力于投身国家重大战略需求的基础文科拔尖创新人才。②

中国人民大学为深入贯彻"立学为民、治学报国"的办学宗旨，强化建设"人民满意、世界一流"大学的办学定位和目标，不断丰富"国民表率、社会栋梁"人才培养目标的内涵，进一步突出"思想引领、通专结合、实践创新"的人才培养理念，以推进实施本科人才培养路线图为基础，对标世界一流本科教育，全面推动本科人才培养体系的改革和建设。在系统总结前期试点探索经验基础上，经过广泛深入的调研论证，自2019年起实施新一轮大类招生培养改革，全面修订本科培养方

---

① 资料来源：北京大学历史学系调研资料。
② 资料来源：清华新日书院网站（https://www.rxc.tsinghua.edu.cn/syzl/syjs1.htm）。

案，重构培养体系、课程体系和培养机制。

大类培养改革旨在破除传统单纯专业导向的培养理念观念和培养模式体系，改变专业划分过细、培养口径过窄的现象，强化本科阶段"宽口径、厚基础、跨学科、复合型、个性化"培养，打破院系壁垒和专业壁垒，构建大类招生大类培养的体系机制，充分赋予学生选择学习的权利，扩大学生个性发展空间，丰富学生多样化发展路径，激发学生学习兴趣和潜能，培养面向未来具有长远发展、综合发展、创新发展能力的优秀人才。除外国语学院、艺术学院和马克思主义学院各专业以外，全校按学部划分为人文学科大类、经济学科大类、法政与社会学科大类、管理学科大类、理工学科大类五个学科大类，制定统一的培养方案，构建部类共同课和核心课，打通选修课。①

（3）人才激励机制改革

建设中国哲学社会科学人才高地，要改革人才激励机制，完善哲学社会科学人才奖励体系，加大对哲学社会科学优秀人才及其重大标志性研究成果的表彰奖励力度，切实增强广大哲学社会科学工作者的荣誉感、责任感和获得感，为人才各展其能创造制度保障。2018年1月，清华大学、北京大学、浙江大学、吉林大学等高校设立哲学社会科学资深教授（文科资深教授）制度，筹措讲席教授基金，通过多样化的经费来源表彰激励哲学社会科学领域顶尖人才。国家社科基金及教育部均设立哲学社会科学研究后期资助项目，"5.17"重要讲话以来资助项目数逐年攀升，激励哲学社会科学工作者积极探索、勇于创新，加快构建中国特色哲学社会科学。

在省市层面，山东省着力提高哲学社会科学人才在省级人才项目中的数量和比例，泰山学者工程每年遴选哲学社会科学人才15名左右，省有突出贡献中青年专家遴选哲学社会科学人

---

① 资料来源：中国人民大学教务处制定的《2021级本科生培养方案》。

才比例达到15%左右。完善提升齐鲁文化人才工程，齐鲁文化名家工程、齐鲁文化英才工程、齐鲁文化之星工程的选拔周期调整为每3年评选一次，管理期为3年。放宽选拔条件，齐鲁文化名家人选调整为不超过60周岁，每次选拔不超过10名。齐鲁文化之星人选不限制申报人选年龄。同时，启动实施哲学社会科学领军人才"111工程"，对接国家"万人计划"。从2020年起，每年遴选支持1名哲学社会科学名家大家、10名学科带头人、100名中青年学术骨干，设立"哲学社会科学智库创新团队"。2020—2030年，围绕哲学社会科学实用性对策研究，每年遴选哲学社会科学十个左右创新团队，每个团队给予建设经费30万元，促进研究成果和实践经验的有效转化。

山西省落实哲学社会科学课题后期资助和事后奖励制度，主要资助已基本完成但尚未出版的哲学社会科学基础研究方面的优秀学术成果，重点支持文史哲等基础学科和社会科学各学科的基础性研究成果，以资助学术专著为主，少量资助学术价值较高的资料汇编和学术含量较高的工具书。

另外，加大哲学社会科学人才薪酬激励。以体现知识价值为导向，事业单位在核定的总量内对业绩突出的哲学社会科学人才在绩效工资分配上给予倾斜，鼓励对高层次哲学社会科学人才实行年薪制、协议工资、项目工资等灵活的分配方式。支持哲学社会科学专业技术人才与业务领域相近的高校、科研院所、企业等加强合作，以横向课题等方式参与经济社会发展，鼓励用人单位将横向课题作为职称评聘的重要指标。哲学社会科学人才按规定兼职或者在职创办企业的，除与单位另有约定外，兼职收入或者离岗创业收入由本人支配，不纳入单位绩效工资总量管理。

(4) 人才评价机制改革

建设中国哲学社会科学人才高地要改革人才评价机制，加快建立以创新价值、能力、贡献为导向的人才评价体系，破除

"五唯"顽瘴痼疾，改革职称评审制度，落实人才分类评价。2020年12月7日，教育部出台《关于破除高校哲学社会科学研究评价中"唯论文"不良导向的若干意见》，强调进一步健全中国特色哲学社会科学学术规范和评价体系，加快构建中国特色哲学社会科学。

2018年2月26日，中共中央办公厅、国务院办公厅印发《关于分类推进人才评价机制改革的指导意见》，要求根据不同学科领域、不同类型对人才实行分类评价。主要从事理论研究的哲学社会科学人才，重点评价其在推动理论创新、传承文明、学科建设等方面的能力贡献；主要从事应用对策研究的哲学社会科学人才，重点评价其围绕统筹推进"五位一体"总体布局和协调推进"四个全面"战略布局，为党和政府决策提供服务支撑的能力业绩。

各省市结合自身实际，制定符合本区域实情的分类推进人才评价机制改革的实施方案，明确主体责任，部署落实工作。例如，重庆市将哲学社会科学人才队伍分为理论研究人才、应用对策研究人才和综合研究人才三类。海南省对于从事基础理论研究的哲学社会科学人才，重点评价深入学习宣传贯彻习近平新时代中国特色社会主义思想，推进马克思主义中国化、时代化、大众化方面的理论创新能力；推动马克思主义理论研究、中国特色社会主义理论体系和具有海南特色优势学科发展的能力；推动在凝聚海南省学术品牌、提高学科影响力、培育创新团队与人才、推动海南省哲学社会科学优势学科进入全国一流学科建设等方面的能力。对于从事应用决策研究的哲学社会科学人才，重点评价为党和政府提供决策咨询服务的能力；立足海南省经济社会发展需求和实际，推动自由贸易试验区和中国特色自由贸易港建设、海南现代化经济体系构建、国际旅游消费中心、生态文明建设、中国特色新型智库建设等应用理论研究成果转化为省委省政府决策服务的能力；提升参与舆论引导及突发事件舆情应对的能力；开展理论宣传宣讲，提高公众社会科学文化素养、推动社会科学普及的能力。

2019年10月11日，人力资源和社会保障部、中国社会科学院印发《关于深化哲学社会科学研究人员职称制度改革的指导意见》，提出完善符合哲学社会科学研究人员特点的职称制度。此后，北京市、山东省、广东省、陕西省、黑龙江省、青海省等相继出台符合各省域实情的哲学社会科学研究人员职称制度改革实施方案，修订哲学社会科学研究人员职称评价标准。

以河北省为例，该省哲学社会科学人才队伍超过18000人，其中初级职称、中级职称及高级职称者占比分别为17%、46%和37%。[①] 2018年5月，河北省委办公厅、省政府办公厅印发《关于加快推进哲学社会科学和文化艺术人才评价机制改革的实施意见》等六个领域人才分类评价实施意见，建立符合各类人才成长规律的人才评价制度。按照人文科学、社会科学、文化艺术等不同领域的特点，结合河北省哲学社会科学和文化艺术发展现状，主要分为理论研究类、应用对策研究类和艺术表演创作类三类人才。理论研究类人才坚持正确政治方向、研究导向，遵守学术规范，品德高尚、学识渊博、学风优良，能够做人、做事、做学问相统一；应用对策研究类人才注重发扬理论联系实际的学风，加强全局性、战略性、前瞻性问题的研究，在为党委和政府提供决策咨询服务上有所建树，在启迪民智上有所作为；艺术表演创作类人才始终坚持马克思主义文艺观，坚持"二为"方向和"双百"方针，坚持以人民为中心的创作导向，能够以高尚的职业操守、良好的社会形象、文质兼美的优秀作品赢得人民喜爱和欢迎。

---

① 赵砚文：《哲学社会科学人才评价的实践探索与思考——以河北省为例》，《社会科学论坛》2021年第6期。

除了国家和省域层面，各机构也积极行动，深入推进哲学社会科学人才评价改革。以华南理工大学为例，其通过三个方面举措改革哲学社会科学人才评价机制。

一是因事而化完善规划设计。成立党委书记、校长担任组长的哲学社会科学工作领导小组，指导、协调、推动全校哲学社会科学工作。实施质量评价，出台《华南理工大学贯彻落实〈中共中央关于加快构建中国特色哲学社会科学的意见〉实施方案》《哲学社会科学研究成果分类方案和评价改革方案》，修订科研成果认定、科研奖励等办法，把决策咨询成果纳入科研成果体系。成立哲学社会科学科研成果评价工作小组，对不同学科的科研成果评价方案和办法进行论证把关。进一步下放科研成果评价管理权，兼顾不同学科发展历史和水平，鼓励学院制定成果分类评价方案。

二是因时而进创新评价方法。坚持分类评价原则，划分理论研究、应用研究、决策咨询研究和社会服务等类型，涵盖多种科研成果形式。全面规范成果评价范围，在明确论文、决策咨询成果、专著、译著、文献整理等常规科研成果形式的基础上，纳入小语种、"冷门"学科成果等科研成果形式，吸收文化体育艺术设计类成果、优秀网络文章、社会服务优秀案例等特色科研成果形式。

三是因势而新健全评价维度。采取"定性＋定量"方式科学设置分级评价标准，学术论文评价综合参考期刊水平、引用率、转载率、前沿性等因素，决策咨询成果评价综合参考采纳方式、成果转化形式、政策落实情况、经济社会效益等因素。结合学科发展需求，对成果评价指标定期评估、适时调整。扩大同行评价的权重和范围，在各类成果评价中组织同学科、同领域专家评审后形成鉴定意见。建立健全学院学术委员会制度，由学术委员会审议评定职称评聘、人才称号、项目评审等工作中涉及成果评价的重大事项。设立哲学社会科学研究优秀著作奖,已评选优秀著作 53 部。①

兰州大学在各单位目标任务总量的制定中,充分考虑师资规模和结构、原有基础和增量需求,设置了尊重规律与适度加压相结合、既考虑实际又面向长远发展的目标任务,以科研项目经费为基础指标,以论文(著作)和智库成果为发展指标,以科研成果质量评价和(是否)承担国家级项目为约束指标,考虑"一票肯定"的突出贡献指标,综合评定等次(设 A、B、C、D 四档),持续深化哲学社会科学人才评价制度改革。具体而言,一是统筹科研项目和科研经费量化指标,充分体现科研组织、科研梯队建设、科研团队培养、科研项目获得等方面的效果和能力。二是对基础研究、应用研究、社会服务等不同类型的科研工作进行分类评价,综合考虑研究成果的价值属性,论文和著作分值可代替智库成果分值,智库成果分值可在一定上限范围内代替论文和著作分值。三是重视科研成果的实际价值和社会贡献,避免简单以条件、数量、排名变化作为评价指标,注重个体评价与团队评价相结合,从对人的评价转向对成果的评价。要求各单位凝练 3—5 个研究突破点,介绍研究贡献并列举支撑成果,开展定性评价作为评价系数。②

(5)人才流动机制改革

建设中国哲学社会科学人才高地要改革人才流动机制,破除人才流动在户籍、地域、身份、学历、人事关系等方面的制约,畅通党政机关、企事业单位、社会各方面的人才流动渠道,促进人才资源合理流动、有效配置。以国家社会科学基金重大项目首席专家为代表的哲学社会科学高端人才具有远高于一般劳动力的流动水平,从高端人才省域流动方向来看,全国有 10

---

① 《华南理工大学探索构建哲学社会科学综合评价体系》,2020 年 9 月 30 日,教育部网站,http://www.moe.gov.cn/jyb_xwfb/s6192/s133/s207/202009/t20200930_492676.html。

② 资料来源:兰州大学调研资料。

个省份呈现人才流动顺差，4个省份人才输入数和输出数基本平衡，18个省份则呈现人才流动逆差。其中，北京、上海、广东和浙江体现出明显的高端人才流动顺差优势，而湖南和甘肃则出现较为严重的高端人才流动逆差。[①]

在机构层面，中国人民大学自2014年起启动"百名海归挂职计划"，支持在海外取得博士学位或具有长期海外工作经历的本校在职在岗归国教师挂职锻炼，实现理论和实践相结合，增进对国情、民情、社情的了解，进而提升教学科研水平。"百名海归挂职计划"具体包括海归学术带头人挂职实践和青年海归教师挂职锻炼两部分，挂职教师可根据需要脱产挂职锻炼，或以联合培养博士后的身份不脱产挂职实践。教师和学院也可自行联系合作伙伴，探索灵活多样的流动形式。参加挂职锻炼已成为海归教师入职培训的必修内容和首个聘期考核的重要指标之一，新来校的海归教师第一个学年原则上不安排教学任务，以便于其参加挂职锻炼。

（6）经费管理制度改革

建设中国哲学社会科学人才高地要改革科研经费管理制度，赋予哲学社会科学人才更大技术路线决定权、更大经费支配权、更大资源调度权，把人才从科研管理的各种形式主义、官僚主义的束缚中解放出来，放手让他们把才华和能量充分释放出来。

2019年4月28日，全国哲学社会科学工作领导小组、财政部出台国家社会科学基金项目"新十六条"，简化项目申请管理、过程管理要求，优化项目资助经费管理，营造优良学术环境，切实减轻科研人员负担，充分激发哲学社会科学人才创新活力。2021年10月31日，财政部、全国哲学社会科学工作领

[①] 祝维龙、苏丽锋：《高校哲学社会科学高端人才分布及流动特点研究——基于国家社科基金重大项目首席专家的分析》，《教育经济评论》2021年第3期。

导小组印发《国家社会科学基金项目资金管理办法》，提出国家社会科学基金项目的资金管理应以多出优秀成果、培养优秀人才为目标，落实让经费为人的创造性活动服务的理念。

在省市层面，浙江省出台《浙江省哲学社会科学专项资金管理办法》《关于横向项目劳务报酬有关问题的通知》《关于进一步完善省属事业单位绩效工资政策推动人才创业创新的若干意见（试行）》等制度，较大幅度提高科研经费中的绩效比例，放宽对横向项目的经费使用限制，增加省哲学社会科学优秀成果奖奖金额度等，有效激发了科研人员的活力和创造力。各单位对入选各类高层次人才项目的人才给予专项补贴，对获得高级别研究项目、高层次奖项的人才给予配套奖励。

（四）存在的问题

1. 哲学社会科学人才管理体制不灵活

中国哲学社会科学人才队伍主要包括高等院校、党校（行政学院）、部队院校、科研院所、党政部门研究机构五路大军，绝大多数就职于党政机关及事业单位，人才引进、使用和晋升需要接受统一的编制管理和岗位管理，满足公务员和事业单位"逢进必考"要求，遵守党政干部选拔任用条例和事业单位人事管理条例。然而哲学社会科学人才属于专业技术人才的一种，不同于行政管理人才，有其特殊性和独特发展规律，简单套用管理行政管理人才的思维与方式管理哲学社会科学人才，使得哲学社会科学人才的管理机制有所僵化，集中体现在选人用人方面受行政力量干预大、授权不到位，用人单位主体性得不到充分发挥，从而可能导致人岗不适配。

2. 哲学社会科学智库人才培养机制不完善

哲学社会科学人才是构建中国特色哲学社会科学的第一资

源，应对易变、不确定、复杂与模糊的乌卡时代（VUCA，即Volatile，Uncertain，Complex，Ambiguous），有必要丰富人才资源蓄水池，自主培养多元人才。然而与日益齐全的人才种类形成鲜明对比的是，当前中国哲学社会科学人才培养模式过于单一，仍以培养从事基础理论研究的学术人才为主，专攻应用对策研究的智库人才培养模式尚不成熟。这一支人才队伍通过提供决策咨询服务治国理政，为推进国家治理体系和治理能力现代化、提升一国软实力贡献智力支撑。[①] 不过智库人才培养现状却与其重要作用并不相称，鲜有专门的智库人才培养项目，缺少配套的培养方案、师资队伍及实践基地等培养条件，在岗智库人才的定期研修等常态化培养机制也不健全。

3. 哲学社会科学青年人才支持机制不健全

在 2022 年全国科技工作者日上，中国科协、教育部、科技部、共青团中央、中国科学院、中国工程院、国防科工局、国家自然科学基金委员会八部门联合发布《关于支持青年科技人才全面发展联合行动的倡议》，号召有关单位和社会各界从关心青年科技人才所思所想、大力弘扬科学家精神、激励青年人才脱颖而出、营造良好创新生态、强化组织建设和平台支撑、拓宽国际视野六个方面开展支持青年科技人才全面发展的联合行动。同年 8 月，科技部、财政部、教育部、中科院、自然科学基金委联合印发《关于开展减轻青年科研人员负担专项行动的通知》，部署挑大梁、增机会、减考核、保时间和强身心五大行动内容。然而目前中国尚未制定专门面向哲学社会科学青年人才的支持计划，虽然个别机构或区域提及对哲学社会科学青年人才的支持举措，但不同部门间仍未形成合力，对哲学社会科

[①] 张辉菲等：《关于我国智库人才创新管理与培养的研究》，《科技管理研究》2018 年第 4 期。

学青年人才的支持力度有待加强。

（五）政策建议

1. 灵活哲学社会科学人才管理制度

扭转哲学社会科学人才管理思维，由"管理"思维转向"治理"思维，根据实际需要向用人单位授权，真授权、授到位，充分调动用人单位在选人用人方面的积极性、主动性，保证人才与岗位的匹配度。灵活的人才管理体制一方面需要行政主管部门"放得下"。探索实施人才管理负面清单制，由行政主管部门制定"负面清单"，对选人用人过程中必须明令禁止的行为进行规范，清单之外允许用人单位结合自身实际尝试制度创新，突破制度壁垒。另一方面，也需要用人单位"接得住"。用人单位应着眼长远发展，做好统筹谋划，以识才的慧眼、爱才的诚意、用才的胆识、容才的雅量管理哲学社会科学人才。出于降低改革风险考虑，可选择若干试点单位先行先试，待积累可复制、可推广的管理经验后再予以大范围推广。

2. 完善哲学社会科学智库人才培养制度

中国从人才大国向人才强国的转变，对人才数量、质量和结构提出全方位需求，满足这样庞大复杂的人才需求必须丰富人才培养模式，落实以育人育才为中心的哲学社会科学整体发展战略，依托中国规模庞大的高等教育体系和各项事业发展的广阔舞台，培养造就哲学社会科学领域各类型优秀人才，特别是健全智库人才培养体系。与基础研究人才不同，智库人才往往需要扩充国际视野、通晓国际规则，同时了解国情现状、掌握一手资料。培养智库人才有赖于政产学研多方发挥各自优势，协同配合。对高校而言，可以增设智库专业人才培养项目，并与智库机构合作共建实习实践基地，提供政策实习机会。对科研机构而言，具有学位授予权的单位可吸纳学生深度参与本机构智库研究项目，锻炼学生提供高质量决策咨询服务的能力；不具备学位授予权的单位可考虑与高校合作，依托高校师资开设系统课程，加强智库人才在职培训。对党政机关和产业部门而言，可与智库机构建立稳定顺畅的旋转门机制，为智库人才熟悉决策过程、回应现实需求提供鲜活的实践"田野"，提高国家治理能力和针对经济社会发展中的重大现实问题开展国情调研和决策咨询研究的能力，更好地发出中国声音、讲好中国故事，争夺国际话语权。

3. 健全哲学社会科学青年人才支持制度

遵循哲学社会科学发展规律和青年人才成长规律，着力激发哲学社会科学青年人才的创新创造活力。实施哲学社会科学青年拔尖人才培育专项工程。重点选拔、培养一批哲学社会科学青年拔尖人才，完善导师引领、项目培育、理论研修、业务培训、国情调研、挂职交流等培育机制和支持政策。青年人才尚处于职业生涯初期阶段，各学科顶尖人才作为职业导师，可与青年人才结对，赋予人才培养任务，以拔尖人才培养拔尖人才。在各类哲学社会科学规划项目中加大青年研究专项比例，积极吸纳优秀青年人才参与重大项目攻关，支持青年人才承担重大课题，落实"揭榜挂帅"制度，鼓励青年人才挑大梁、当主角。定期举办哲学社会科学青年人才理论研修班、业务培训班、青年学者论坛，持续提升哲学社会科学青年人才的理论素养和业务水平，并为哲学社会科学青年人才参与各类国际国内实践调研、学术交流、挂职锻炼提供充足支持。

五　中国哲学社会科学人才高地影响力研究

中国哲学社会科学人才高地影响力是人才高地建设的重要组成部分，体现了人才高地通过吸引力和管理力的建设，在学术、政策、社会和国际领域的地位和关注度，是吸引力和管理力水平的最终体现。①

（一）概念界定

中国哲学社会科学人才高地的影响力是吸引力和管理力的最终体现，是对学术理论、公共政策、国内和国际社会等产生作用的能力。② 影响力是人才高地建设水平的直接表现，中国哲学社会科学人才高地影响力包括学术影响力、政策影响力、社会影响力和国际影响力。四种影响力相互促进，共同反映人才高地影响力的综合水平。其中，学术影响力是基础，体现人才高地科研实力，政策影响力体现人才高地在咨政献言方面的实力，社会影响力体现人才高地科研成果在社会层面的价值，国际影响力则体现人才高地在国际话语权建构方面的能力。在影

---

① 中国社会科学评价中心：《全球智库评价报告》，《中国社会科学评价》2016年第1期。
② 国家市场监督管理总局、国家标准化管理委员会：《人文社会科学智库评价指标体系》（GB/T 40106-2021），2021年12月1日。

响对象方面，学术影响力主要面对的是国内学术界同行，政策影响力面对的是政府决策部门，社会影响力面对的是社会民众，国际影响力则面对的是国际学术界。四个影响力有清晰的逻辑关系，由学术界内到学术界外、由政府到社会、由国内到国外，可以比较综合地、系统地考量人才高地在影响力建设上的成效。

1. 学术影响力

学术影响力包括学术原创能力和高质量研究成果产出，是人才高地科研创新能力的体现。其中，学术原创能力从创新角度对学术影响力进行界定，是指人才高地在学术研究中提出新概念、新观点、新理论和新方法等方面的综合能力，既反映人才高地深厚的学术底蕴，又反映其探索学术前沿、挑战学术难题的学术素养。较强的学术原创能力需要高质量研究成果产出为支撑。高质量研究成果产出是指能够发表和出版一系列被本领域国内外学术界同行广泛认可的顶尖学术成果，是学术原创能力的自然体现。

2. 政策影响力

政策影响力从政府决策咨询的角度衡量人才高地影响力，包括高质量咨政成果产出、参与咨政类活动和标识性概念解读三个方面。其中，高质量咨政成果产出是指被政府接收和采纳且具有重要政策价值的成果，包括提交高质量咨政报告，定期出版的咨政类产品的种类和数量，以及获得批示等，反映研究成果影响政策制定的能力。参与咨政类活动是指人才高地科研人才参加决策部门组织的多种形式的决策咨询活动，反映人才高地科研人才被决策部门的认可程度。标识性概念解读是指科研人才及时、准确、系统、高效地对国家大政方针进行深入阐释、概念剖析和宣传宣讲，反映人才高地的政策敏锐度和政策研究与阐释能力。

3. 社会影响力

社会影响力包括人文素养塑造和舆论引导，主要从个人和媒体两个角度考察人才高地的人才和相关成果对国民素养和公共舆论的影响。社会影响力的影响对象主要是人民群众。其中，人文素养塑造是指人才高地通过将研究成果借助大众化方式传播并满足人民群众精神需求和知识需求的能力。人文素养塑造要求科研人才在某个领域拥有深厚积累，并以深入浅出的方式将艰涩的学术成果转化成为人民群众接纳和学习的知识与观点。科研人才需要站在人民群众视角，将学术成果与国家发展、社会需求和人民群众关切相结合，以人民群众能听得懂、看得懂的方式，将方便学、直接用的人文、经济、社会等领域知识传播出去，为提升人民群众获取精神需求、提升人文素养提供学习资源。

舆论引导则要求科研人才以理论联系实际的方式解读和分析国家大政方针、经济社会发展中出现的现象和问题等，舆论引导的方式主要有媒体曝光、发表时评类文章等。总体来说，社会影响力主要通过多种媒介将研究成果和观点以通俗易懂方式向广大人民群众传播并产生广泛影响力。

4. 国际影响力

国际影响力是指人才高地在国际学术界的受认可度，包括高质量外文成果产出、主办或参与国际活动两方面。其中，高质量外文成果产出是指人才高地科研人才在国外高水平期刊上发表论文，以及在全球知名出版社出版专著。主办或参与国际活动则包括人才高地举办或参加的国际性会议、论坛、研讨会等，反映人才高地在本领域的话语权和领导力。高质量外文成果、主办或参与国际活动从成果及活动两个角度综合反映人才高地国际影响力。

（二）现状综述

人才高地影响力建设是一个综合性、多维度的概念。高水平的人才高地建设需要在国内外学术界、决策部门和社会层面都能产生一定的影响力，不同机构在不同维度的表现有所差异。

经过长期努力，中国已经建立了一批有影响力的哲学社会科学人才高地，既有综合影响力较强的人才高地，也有单个研究领域较强的人才高地。这些机构共同构成了我国哲学社会科学人才高地的重要基础，正在为推动中国哲学社会科学高质量发展、构建具有中国特色的自主知识体系和国际话语权贡献力量。

1. 学术研究创新能力显著提升，学术大国地位不断夯实

作为中国哲学社会科学研究的"五路大军"，高校、科研院所、党校（行政学院）、部委所属科研机构和军队科研院所在学术创新上发挥了关键作用，推动了中国哲学社会科学研究不断向前发展。

中国基本形成了以高校为主导、其他科研机构为补充的学术创新研究格局，对高校而言，中国大力发展高等教育机构，引进和培养大量哲学社会科学人才充实科研队伍，组建成规模庞大、实力较强的哲学社会科学研究机构和群体。与此同时，以党校（行政学院）、部委所属科研机构和部队科研机构为代表的特殊科研群体也在不断发展和壮大，丰富了中国哲学社会科学研究机构和人才群体的种类和数量。随着中国对哲学社会科学研究机构的投入和引才力度不断加大，营造了良好的学术创新环境，提升了学术创新的能力和成果。同时，中国哲学社会科学研究创新成果注重与中国实际相结合、与国际问题接轨、与人类话题相链接，用学术语言来分析、解读和回答现实问题，促进学术理论进一步创新和发展，形成良性循环。

从"五路大军"来看，高校成为中国哲学社会科学研究的中坚力量，支撑起了中国哲学社会科学研究的半壁江山。本书以哲学社会科学综合研究的顶刊《中国社会科学》和经济管理领域的两份期刊《经济研究》《管理世界》为研究对象，对科研机构的学术影响力进行评价。从发文总量来看，2018—2023年，高校在三大顶刊《经济研究》《中国社会科学》《管理世界》的发文总量合计1115篇，占比90.5%，是哲学社会科学研究机构顶刊发文的绝对力量。其中，从发文机构来看，中国人民大学、北京大学、清华大学位列前三名，在经济管理领域处在中国人才高地建设的前列；以中国社会科学院为代表的科研院所共发文74篇，占比6%；党政部门研究机构发文40篇，占

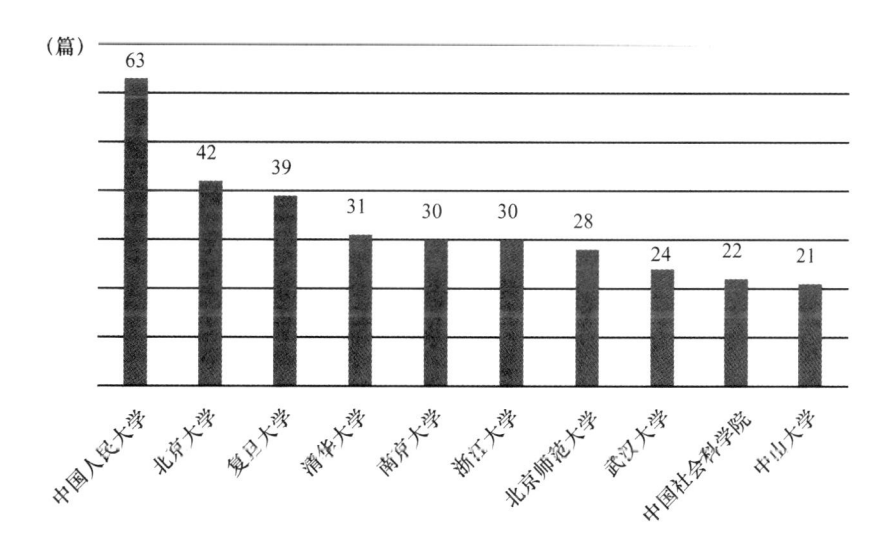

图 5-1 2018—2023年《中国社会科学》发文机构统计

注：所选期刊中，《中国社会科学》是哲学社会科学领域综合性最强的期刊之一。《经济研究》和《管理世界》是经济学和管理学领域的顶级期刊。所选三本期刊主要集中于经济管理领域，没有对其他学科领域进行更细致的统计和划分。之所以选择经济管理学领域和相关顶级期刊作为统计对象，一方面，考虑到哲学社会科学学科众多，如果把所有学科都进行统计，工作量是个较大挑战；另一方面，考虑到经济学领域是哲学社会科学领域中研究群体较大、研究范式较为多样、研究领域覆盖面较广、与国际学术界对话较为频繁的学科，是能够较好地反映某机构哲学社会科学研究实力的领域之一。当然，这在一定程度上会带来统计偏差。本书希望以点带面来观察整个中国哲学社会科学的发展情况。

资料来源：中国知网，截至2024年4月6日。

比3.3%；党校（行政学院）发文3篇，占比0.2%。可以看出，高校由于在人才资源和科研资源上的优势，顶刊发文量遥遥领先于五路大军的其他科研机构，是中国哲学社会科学人才高地中顶刊发文的绝对主力。以中国社会科学院为代表的科研院所和党政部门研究机构是第二梯队，是理论研究和咨政献言的重要科研力量。由于职能定位的差异，中国社会科学院为代表的科研院所在顶刊发文上与高校有较大悬殊。党校（行政学院）作为党政机关的重要培训机构，主要职能定位更偏向于教学与培训，在顶刊发文量上与其他科研机构差距较大。

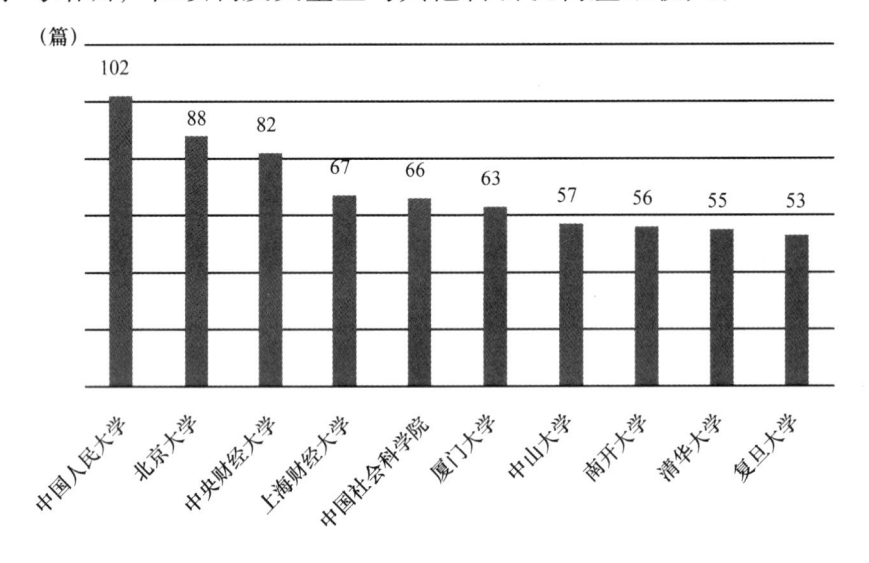

机构	发文量（篇）
中国人民大学	102
北京大学	88
中央财经大学	82
上海财经大学	67
中国社会科学院	66
厦门大学	63
中山大学	57
南开大学	56
清华大学	55
复旦大学	53

图5-2　2018—2023年《经济研究》发文机构统计

资料来源：中国知网，截至2024年4月6日。

从区域分布来看，在经济管理领域，中国已经形成了京津冀、长三角和珠三角为主导的哲学社会科学研究的学术影响力高地。其中，京津冀论文量和机构数的占比分别为60%、47%，长三角为17%、29%，珠三角为14%、12%。无论是从机构数量还是顶刊发文量来看，三个区域在经济学学术影响力方面走在了全国前列。尤其是京津冀地区，得益于庞大的高校资源和人才资源，在机构数量和发文数量上遥遥领先于全国其他区域，是中国哲学社会科学经济管理学领域的学术影响力高地。

中国哲学社会科学人才高地评价研究 155

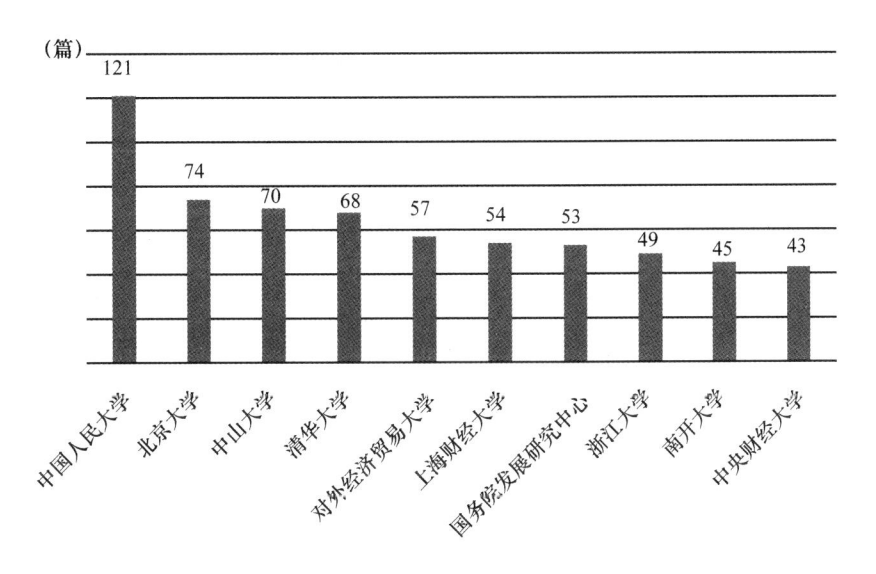

图 5-3　2018—2023 年《管理世界》发文机构统计

资料来源：中国知网，截至 2024 年 4 月 6 日。

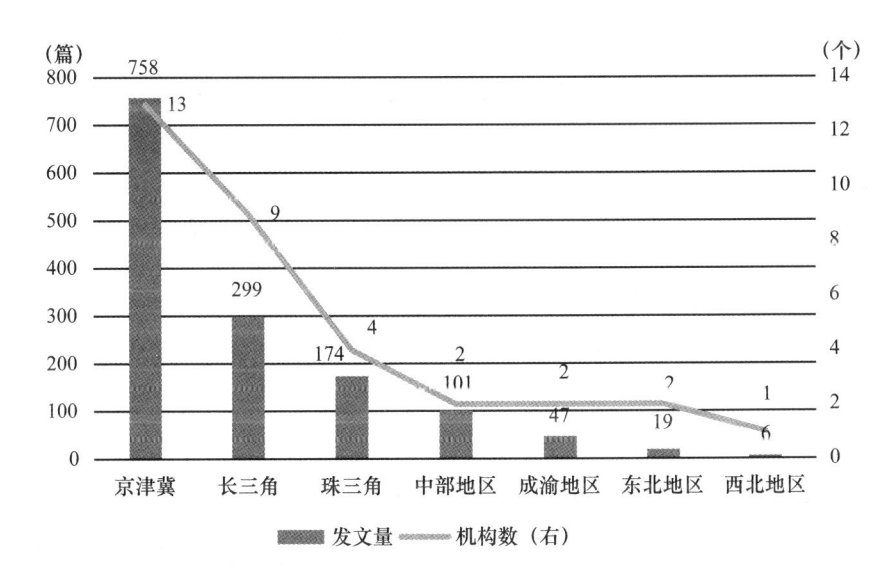

图 5-4　2018—2023 年分地区发文量、发文机构数统计

注：按照《中国社会科学》《经济研究》《管理世界》三份顶级期刊在 2018—2023 年的发文量进行统计，每份期刊选取发文量前 20 家机构进行统计，同时按照发文机构所在地区进行划分，并最终统计出分地区发文情况。

资料来源：中国知网，截至 2024 年 4 月 6 日。

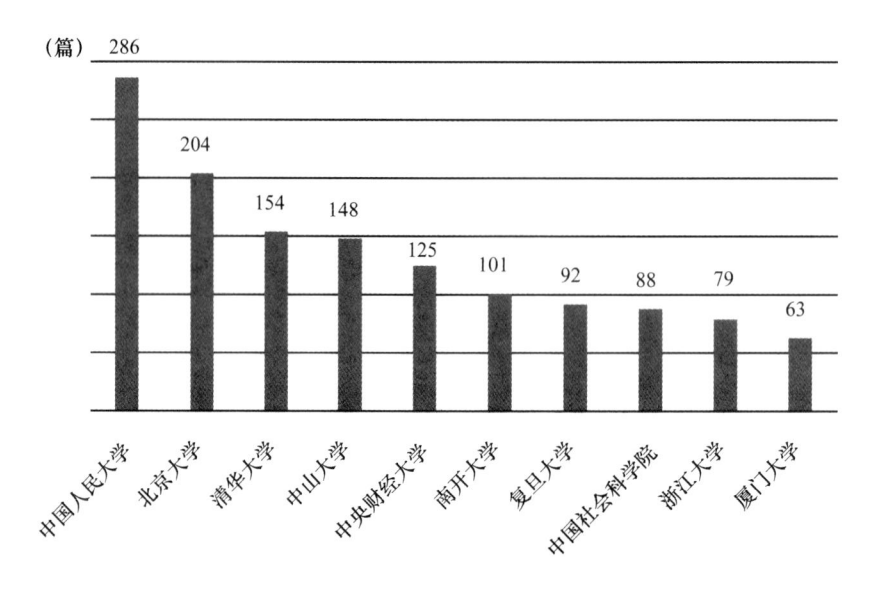

图 5-5　2018—2023 年顶级期刊论文发文机构统计

资料来源：中国知网，截至 2024 年 4 月 6 日。

中国人民大学 286
北京大学 204
清华大学 154
中山大学 148
中央财经大学 125
南开大学 101
复旦大学 92
中国社会科学院 88
浙江大学 79
厦门大学 63

2. 形成了良好的政研、政校互动局面，有力提升了决策服务能力

良好的政府与研究机构的互动关系，有助于政府决策。决策离不开科学严谨的学术研究作为支撑，这为学术研究提供了更多应用舞台。哲学社会科学研究在理论、方法和内容上与政府管理有很多重合。相比较而言，哲学社会科学研究偏向于理论，政府管理偏向于应用。理论和应用是相辅相成的，政府管理决策离不开哲学社会科学研究的理论支撑，同样，哲学社会科学研究也需要政府管理来验证和推广相关理论研究成果，为更好地完善理论提供实践指导。一项研究能够应用于政府管理实践中，是对该学者、研究机构、学科和专业研究能力的认可。因此，哲学社会科学研究能否被政府管理采纳，是体现其研究实力的重要标准。

中国在政府管理中历来注重与学界的沟通与合作，积极采纳政策研究成果，形成了良好的政研互动局面。公办高校、科

研究院所、党校（行政学院）和军队院校等哲学社会科学研究机构数量不断提升，人才数量和人才储备显著提升，成为决策咨询服务的重要智力来源和人才保障。

经过长期发展，中国已经形成了一批从事咨政研究的人才队伍，其中既包括专门从事咨政研究的智库类人才，也包括同时开展学术和咨政研究的人才。在咨政渠道上，中国哲学社会科学研究的五路大军均成立了专门的咨政成果递送渠道，方便将研究成果递送到决策部门。在咨政成果形式上，咨政的参与方式主要有参与决策咨询会议、递送决策咨询报告、参与政策制定等。在咨政方式上，主要包括成立决策咨询委员会、挂职锻炼、交办和委托重大项目等。中国在2014年出台的《中国特色新型高校智库建设推进计划》中指出，高校智库要发挥战略研究、政策建言、人才培养、舆论引导、公共外交的功能，并力求在经济、政治、文化、社会等诸多领域的问题上实现重大突破。同时，文件指出，要实施高端智库人才计划，遴选200多位高校专家，建立咨政研究核心人才库，为国家全局和战略问题提出政策建议。[1]

总体而言，中国已经构建了以哲学社会科学研究的"五路大军"为人才支撑的咨政体系，形成了政府部门和科研人才、政府决策和科研成果的良性互动，不仅为政府决策提供了强大智力支撑，也为"五路大军"在理论联系实际、深入开展研究工作以及建设各个研究领域的人才高地提供了良好契机。

3. 学术成果普及为提升全民素养和舆论引导提供了有力保障

学术成果普及一方面通过向人民群众提供精神文化产品的

---

[1] 《中国特色新型高校智库建设推进计划》，2014年2月28日，中国政府网，http://www.gov.cn/gzdt/2014-02/28/content_2625304.htm。

方式提升了全民素养；另一方面通过多媒体宣传的方式向人民群众解读国家大政方针和社会现象来积极引导社会舆论，共同为提升个人素养和塑造良好社会风气起到了重要推动作用。

在提升人民群众人文素养方面，哲学社会科学研究人才将研究成果以大众化书籍的方式出版，不断满足人民群众对精神文化的需求。哲学社会科学研究者在解读大政方针、社会知识普及、热点分析与解读等方面发挥不可替代的作用。哲学社会科学研究正借助多种媒体渠道走出书斋，走向大众。中国积极鼓励研究者将学术成果以多种方式转化成通俗类读物。研究者将深奥艰涩的学术语言通过大众喜闻乐见的方式传播出去，扩大知识普及范围，不断提升全民人文素养。中国每年举办多种形式的出版物评选活动，支持科普类书籍的出版发行，有力推动了中国哲学科学研究成果的普及化。研究者在传统媒体和新媒体上发表言论的机会不断增多，通过热点事件采访、政策解读、自媒体传播等方式，将研究成果、分析解读观点等内容向社会传播，提升社会科学知识普及率。

同时，哲学社会科学研究者正成为舆论引导、政策解读的重要群体，为传播思想和舆论引导发挥了重要作用。当前，专业的学术研究人才已经频繁出现在主流媒体，为民众解读国家大政方针，宣传政策文件精神，号召广大民众积极响应国家政策；研究人才在热点事件解读中扮演着专家角色，为民众答疑解惑，积极引导社会舆论，为营造导向正确、风清气正的社会和网络环境发挥了重要作用。中国哲学社会科学研究者已经成为中国社会科学知识普及、政策解读、答疑解惑、舆论引导的重要力量。

4. 学术国际地位显著提升，持续发出中国学者声音

2016年，习近平总书记在全国哲学社会科学工作座谈会上的讲话中指出，"我国哲学社会科学在国际上的声音还比较小，还处于有理说不出、说了传不开的境地……要聚焦国际社会共同关注的问题，推出并牵头组织研究项目，增强我国哲学社会科学研究的国际影响力。要加强优秀外文学术网站和学术期刊建设，扶持面向国外推介高水平研究成果"[①]。教育部在 2011 年推出了《高等学校哲学社会科学"走出去"计划》，明确了中国哲学社会科学提升国际学术对话能力和话语权等国际影响力的发展目标。经过了十多年的发展，中国哲学社会科学研究在国际学术论文发表数量和质量、全球高被引学者等方面取得了较大进步，国际影响力排名、原创性理论、国际话语权等方面也取得了一定成绩。

在研究群体不断壮大和研究实力快速提升的背景下，中国哲学社会科学的学术国际话语权和国际地位稳步提升。根据科睿唯安[②]发布的 2022 年高被引科学家榜单（Highly Cited Researchers），中国科研人才在经济学、商学和社会科学领域，共有 14 位学者上榜。2017—2022 年，中国上榜的经济和商业、社会科学领域的高被引学者人数从 2018 年最少的 2 位上升到 2021 年最多的 13 位，增长了 5 倍多。中国哲学社会科学领域的高被引学者数量不断增加，学术创新能力显著提升。可见，中国哲学社会科学研究者在国际学术舞台不断发声，学术成果综合实力也在增强，提升了中国哲学社会科学研究的国际影响力。

（三）分维度分析

中国哲学社会科学人才高地的影响力建设是一个系统、全面且有内在逻辑的建设工作。学术影响力是人才高地影响力建设的基础，政策影响力和社会影响力是其发挥智库功能服务政

[①] 习近平：《在哲学社会科学工作座谈会上的讲话（2016 年 5 月 17 日）》，人民出版社 2016 年版，第 24 页。

[②] 资料来源：科睿唯安网站（https://clarivate.com/highly-cited-researchers/）。

府决策和人民群众文化需求的体现，国际影响力则是其国际学术话语权的交流能力和传播能力。该部分将从学术影响力、政策影响力、社会影响力和国际影响力四个角度对哲学社会科学人才高地影响力建设进行分维度分析。

1. 学术影响力

学术影响力是学术成果创新能力的集中体现，也是哲学社会科学研究者对学术创新的贡献度。推动学术影响力建设是提升哲学社会科学人才高地影响力建设的首要任务，也是构建系统性人才高地影响力的基石。中国大力支持哲学社会科学研究事业发展，并出台相关政策文件，促进哲学社会科学机构建设、人才队伍建设、学术环境改善和提升学术创新能力。

表5-1　　　　中国哲学社会科学人才高地影响力分析维度

人才高地影响力	学术影响力	学术原创能力
		高质量研究成果产出
	政策影响力	高质量咨政成果产出
		参与咨政类活动
		标识性概念解读
	社会影响力	人文素养塑造
		舆论引导
	国际影响力	高质量外文成果产出
		主办或参与国际活动

（1）学术原创能力

创新能力提升离不开创新环境建设。制度建设为学术创新提供了良好的环境，既是提升学术创新能力的重要保障，也是提升学术创新能力的首要条件。学术创新环境的营造是一个系统工程，其中评价体系建设是十分重要的工作。与科技类人才评价有所不同，哲学社会科学人才评价需要考虑到研究内容的特殊性以及独特的人才成长规律。哲学社会科学的研究内容主要集中于人文科学、社会科学领域，在成果评价时，成果的理论价值更多需要由同行评议；同时由于哲学社会科学成果的产出是一个漫长的过程，也需要在评价周期上有所考量。为了更好地评价哲学社会科学人才创新能力和营造有利于学术创新的环境，中国出台了《关于深化职称制度改革的意见》《关于深化高等学校教师职称制度改革的指导意见》《关于分类推进人才评价机制改革的指导意见》《关于深化哲学社会科学研究人员职称制度改革的指导意见》等文件，从不同角度对哲学社会科学人才评价导向进行改革，推动破除"唯论文、唯帽子、唯学历、唯分数、唯项目"的"五唯"现象，扫除阻碍学术创新的体制机制障碍和学术评价不良导向，激发科研人才创新潜力，释放人才创新活力，推动产出真正有价值的学术创新成果，从而营造有利于学术创新的科研环境。

作为重要的研究智库，中国社会科学院在积极完善学术创新制度和环境、激发学术创新能力上不断探索。2019年，人力资源和社会保障部与中国社会科学院联合发布了《关于深化哲学社会科学研究人员职称制度改革的指导意见》，意见明确了哲学社会科学科研人才的职称评审指导思想、评审标准，将哲学社会科学科研人才作为一个单独群体进行评审标准的界定，为发掘人才、促进创新提供了制度保障。同时，中国社会科学院也在积极完善学术评价和职称评审制度，逐步建立了符合中国社会科学院的科研创新保障体系。

（2）高质量研究成果产出

高质量学术成果体现的是学术成果在学界的学术创新影响力。反映高质量学术成果的指标有很多，一般来说，下载量和引用量是可以直接反映学术成果质量的重要指标。当然，下载量和引用量高不一定代表论文学术成果质量一定高，下载量和引用量低也不代表学术成果质量一定低。一般来看，下载量和引用量可以较好地反映该领域学术成果的质量和创新水平。

学术成果的下载量和引用量是相辅相成、互相促进的。一般而言，引用量高的学术成果下载量也较高，反过来也是如此。从总下载量、高被引论文和高被引作者三个角度对高质量学术成果进行评价，可以较为直接地反映学术成果质量和机构的整体科研实力。本书以党政智库学术成果为例，对高质量学术成果发表情况和高被引学者进行分析。

①高质量学术成果总发表量、引用量

a. 总发表量

从地区划分来看，北京市、上海市、福建省、山东省、四川省排名靠前。其中，北京市以130148次总发文量排名首位，占全国发文量的44.7%；上海市、福建省、山东省和四川省的占比分别为5.7%、3.0%、3.0%和3.0%；其他省份占比40.6%。比较来看，占比排名第二的上海市5.7%与占比排名第一的北京市44.7%有着不小的差距。

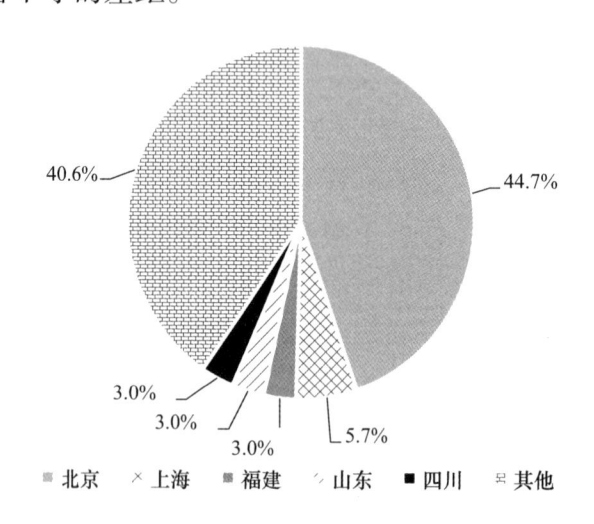

图 5-6 2006—2022 年各地区党政智库学术成果发文量

注：党政智库学术成果统计是以公开发表的学术期刊论文为统计指标。截至 2024 年 4 月 6 日，该数据库最新数据统计时间为 2022 年，下同。

资料来源：中国知网"党政智库学术成果统计分析数据库"。

b. 高被引文献数

从高被引文献发文量来看，北京市以 15271 次排名第一，占全国比重为 63.4%；上海市、江苏省、山东省和四川省占比分别为 8.8%、2.7%、2.1% 和 1.9%；其他省份占比 21.1%。

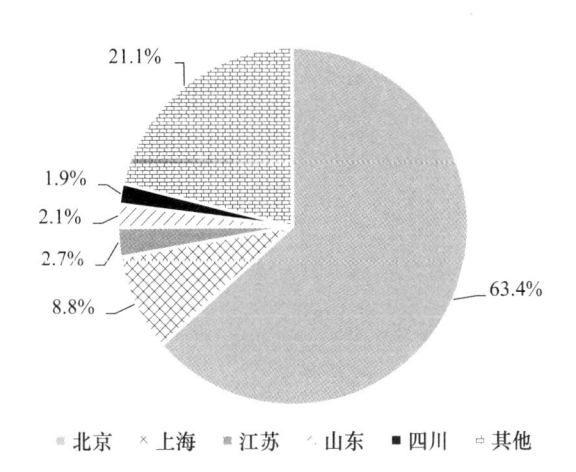

图 5-7 高被引文献发文数

资料来源：中国知网"党政智库学术成果统计分析数据库"，统计时间截至 2024 年 4 月 6 日。

②高引用学者

高被引学者体现学者在本领域的认可度和关注度，是学者研究能力的集中体现。高被引学者一般从学者在本领域或机构某一时期所发表的所有文章最高引用量进行统计分析和排名。高被引用学术成果则主要从单篇学术论文在某一时期的被引用量，反映的是该学术论文在某一领域、机构或个人的关注度和认可度，是该论文学术创新影响力的重要体现。学科分析则反映的是某机构的优势学科，主要从所在学科的发文量和高被引文献数量的角度进行统计分析。

根据前文对 2006—2022 年顶级期刊论文发文机构统计结果，中国人民大学、北京大学、清华大学、中山大学、中央财经大学、南开大学、复旦大学、中国社会科学院、浙江大学、厦门大学等研究机构在经济管理领域具有绝对的领先优势，并聚集了相当多的本领域人才。本书以中国社会科学院为例，分析其高被引学者分布情况。

以中国社会科学院为例，按照高被引文献发文数量排名进行排名，2006—2022年，排名前五的高被引学者分别是蔡昉、魏后凯、夏杰长、张明、郑秉文（见图5-8）。按照篇均学术期刊引用频次排名，排名前五的学者有刘生龙、沈家煊、蔡昉、刘霞辉、杜晓山（见图5-9）。篇均下载频次排名前五的学者有沈家煊、刘生龙、刘霞辉、肖红军、李春玲（见图5-10）。综合来看，这些排名所涉及的学者基本代表了中国社会科学院相应领域的最高学术水平。

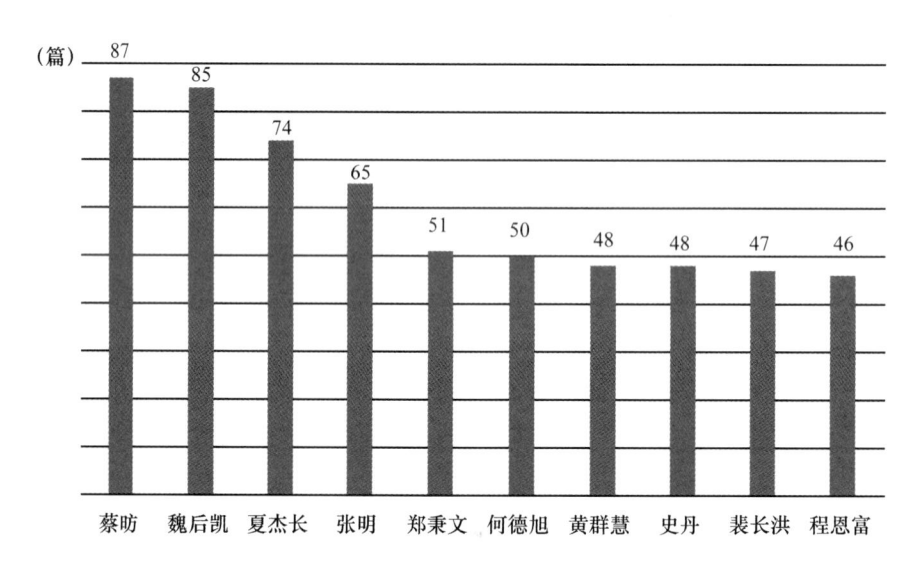

图5-8　2006—2022年中国社会科学院高被引文献发文量学者
资料来源：中国知网，截至2024年4月6日。

从单篇高引用论文排名看，在《经济研究》期刊中，何浚的学术论文《上市公司治理结构的实证分析》自发表至今，达到了单篇2187次的引用量，在发表于该期刊的中国社会科学院学者中排名首位；排名第2的是蔡昉，其学术论文《人口转变、人口红利与刘易斯转折点》单篇引用量为2179次。在《中国社会科学》期刊中，渠敬东的学术论文《项目制：一种新的国家治理体制》发表至今，单篇引用频次累计达到1933次，是中国社会科学院学者在该期刊发表论文引用频次最高的论文。

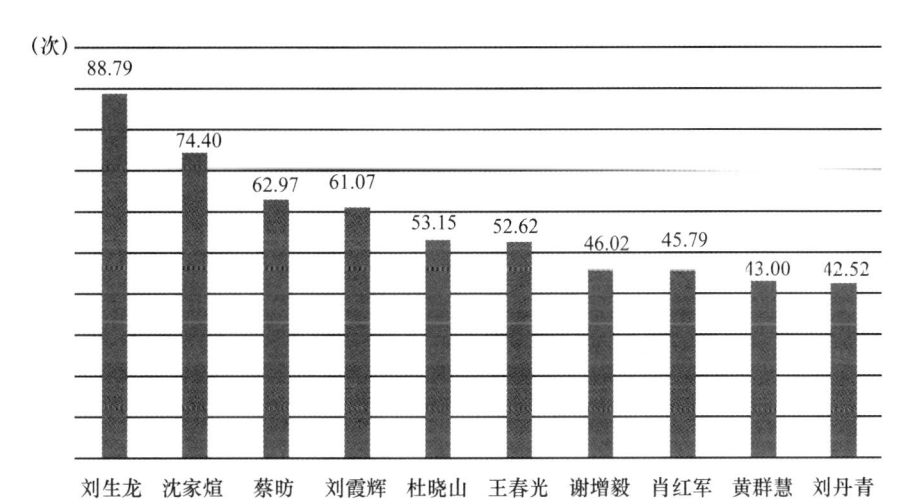

图5-9 2006—2022年中国社会科学院篇均学术期刊引用频次学者

资料来源：中国知网"党政智库学术成果统计分析数据库"，截至2024年4月6日。

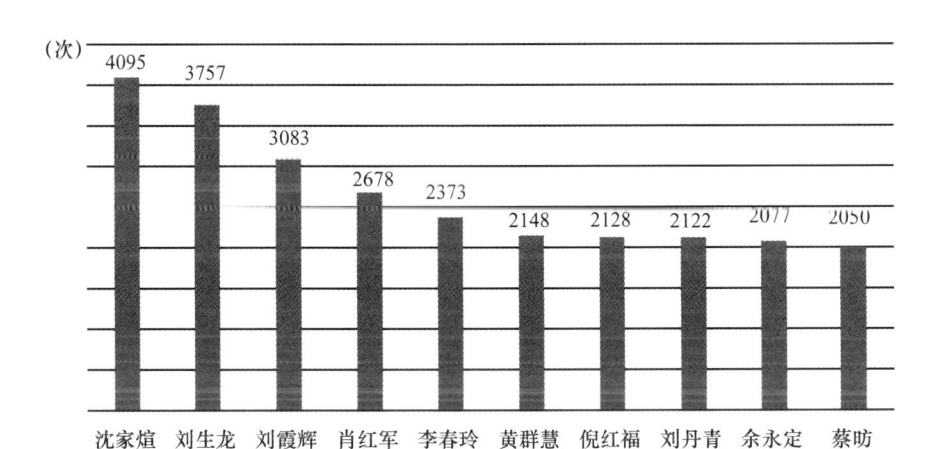

图5-10 2006—2022年中国社会科学院篇均下载频次学者

资料来源：中国知网"党政智库学术成果统计分析数据库"，截至2024年4月6日。

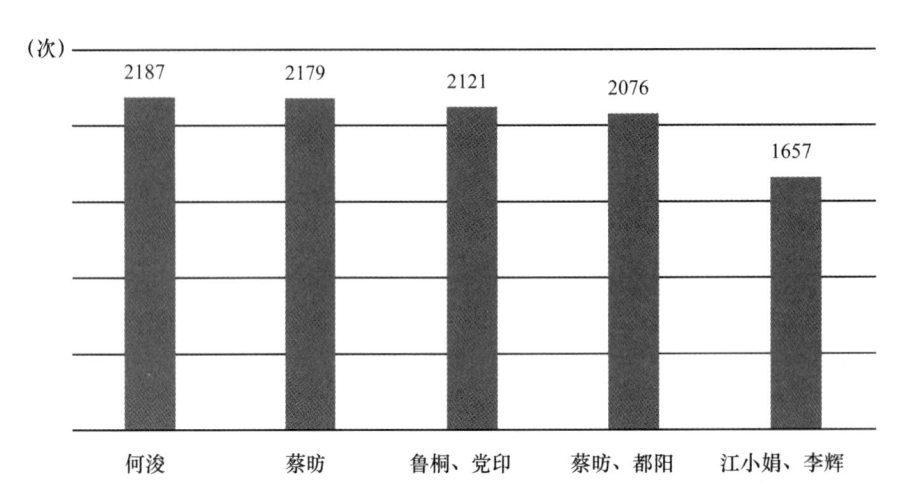

图 5-11 《经济研究》期刊中国社会科学院单篇高被引论文学者

资料来源：中国知网，截至 2024 年 4 月 6 日。

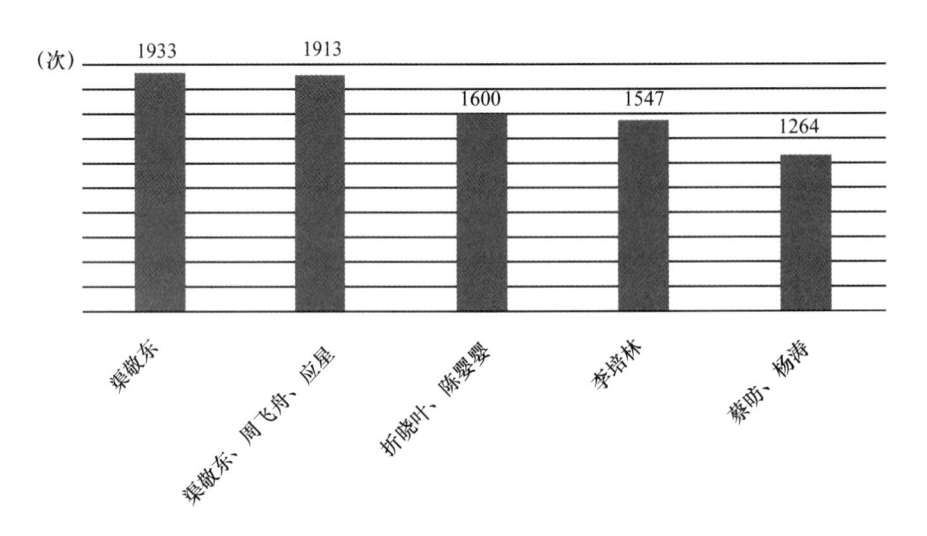

柱状图数据：
- 何浚：2187
- 蔡昉：2179
- 鲁桐、党印：2121
- 蔡昉、都阳：2076
- 江小娟、李辉：1657

图 5-12 《中国社会科学》期刊中国社会科学院单篇高被引论文学者

资料来源：中国知网，截至 2024 年 4 月 6 日。

柱状图数据：
- 渠敬东：1933
- 渠敬东、周飞舟、应星：1913
- 折晓叶、陈婴婴：1600
- 李培林：1547
- 蔡昉、杨涛：1264

从学科分类来看，中国社会科学院在经济学和政治学领域的发文总量和引用频次较高。按照总发文量排名，2006—2022年，中国社会科学院的经济学、政治学和历史学总发文量排名前三；从学术期刊引用频次来看，中国社会科学院的经济学、政治学和法学排名靠前。可以看出，经济学、政治学、法学和历史学是中国社会科学院所有学科中学术水平较高的学科。

总体来看，中国社会科学院作为我国重要的智库，在决策咨询以及社会科学研究中扮演着重要角色。从实际分析的结果来看，中国社会科学院的经济学和政治学是本单位的优势学科，尤其在经济学领域产生了一批有全国影响力的顶尖学者。中国社会科学院经济学研究领域聚集了大量高被引人才，并不断吸引更多优秀的经济学研究人才汇聚于此，推动着中国社会科学院经济学研究不断发展和壮大，使得中国社会科学院成为哲学社会科学中经济学研究的重要人才高地。

2. 政策影响力

智库是重要的咨政献言途径。中国智库建设经过一段时间的发展，已经成为重要的咨政献言渠道以及智库人才的聚集地。中国智库主要由哲学社会科学的"五路大军"构成，各有特色、各自发展。一般而言，高质量咨政成果产出、参与咨政类活动以及标识性概念解读可以综合反映智库的政策影响力。

（1）高质量咨政成果产出

根据中国知网"中国特色新型智库知识服务资源总库"的统计结果，我国现有高校智库331家，党政智库66家，社会科学院智库48家，党校行政学院智库36家，科研院所智库26家，军队智库4家，企业、社会和传媒等其他智库52家。① 从数量来看，高校智库占有较大比重。

在党政智库中，中国社会科学院、国务院发展研究中心、中央党校（国家行政学院）产出了较多的智库研究成果。从收录情况来看，资源总库共收录了中国社会科学院、中共中央党校（国家行政学院）和国务院发展研究中心智库成果的数量分

---

① 数据来源：《中国特色新型智库知识服务资源总库》，中国知网，https：//zhiku.cnki.net/indexMarker.html。统计时间：2023年1月。

别为46934篇、14020篇、6742篇。① 从单个智库成果数量来看，这三家智库的成果数量排在所有智库的前列。

总体而言，高校依靠在数量上的优势，成为吸纳相关人才的重要机构。党政类智库同样拥有特色化发展之路，也聚集了一大批智库人才。

(2) 参与咨政类活动

①高校智库参与咨政类活动情况

高校既是学术研究机构，也发挥了咨政献言的功能。高校聚焦于学术研究，并以此为基础，服务国家政策需要，建立和完善智库功能，立足科研，服务政策，走出了一条从"科研到政策"的咨政道路。高校智库的快速发展吸引和聚集了大量咨政类人才，涌现出很多有影响力的咨政类人才高地。

作为"国家高端智库"的建设单位，中国人民大学国家发展与战略研究院、北京大学国际战略研究院、清华大学国情研究院、复旦大学中国研究院、中山大学粤港澳研究院、武汉大学国际法研究所是首批入选的6家高校智库。这些大学智库依托本校人才资源和研究优势，聚焦于国家重大战略规划和发展目标，通过咨政渠道、研究报告、书籍出版、媒体发声等形式，为决策部门提供政策支持。

在咨政渠道和研究报告上，中国人民大学国家发展与战略研究院经过长期探索，已形成以中国宏观经济论坛系列报告、《思想评论》、《政策简报》、年度研究报告、专题研究报告、智库成果要报和《公共政策评论》等为主的咨政渠道和智库成果。同时，中国人民大学国家发展与战略研究院出版了大量解读中国政策的书籍和学术论文，并持续在《人民日报》《光明日报》

---

① 注：此处引用的数据来源于中国特色新型智库知识服务资源总库。智库成果数量包括该机构所有科研人才发布的公开研究成果，包括学术论文、研究报告、评论性文章等。

《经济日报》《文汇报》《中国社会科学报》等重要媒体平台发声。北京大学国际战略研究院拥有《中国国际战略评论》（中英文版）《国际战略研究简报》《海外智库观点要览》《智库热点新闻追踪》等智库成果，出版一系列国际战略研究丛书、研究报告以及书籍和学术论文，并在多家媒体上发出智库声音。清华大学国情研究院连续多年发布《国情报告》，并被决策部门采纳百余次。同时，清华大学国情研究院紧跟时事，发布了多本解读中国重要战略规划的书籍和学术论文。

总体而言，高校智库作为政策制定的重要参与者，逐渐走出了一条符合高校发展特色的咨政道路，并已经形成了独有的咨政渠道、丰富的咨政成果以及较强的核心研究团队，成为服务政策的重要力量。

②党政智库参与咨政类活动情况

党政类智库在成立之初就具有明显的咨政基因。该类智库起步于政策研究，逐渐走出了一条"政策+科研"咨政发展途径。其中，最具代表性的有中国社会科学院、中共中央党校（国家行政学院）和国务院发展研究中心。

在咨政献言上，作为马克思主义的理论阵地、为党中央和国家决策服务的思想库、中国哲学社会科学研究的最高学术机构和全国哲学社会科学综合研究中心，中国社会科学院不断探索与实践，将理论研究和应用对策研究相结合，在咨政献言上发挥了积极作用。中国社会科学院下属各个研究所均在所属领域拥有较为完备的人才队伍和较强的科研与应用对策研究能力。良好的咨政渠道和较为完备的科研队伍为中国社会科学院发挥咨政功能提供了重要保障。

经过长期发展，中国社会科学院在许多领域都拥有较强的咨政能力。以中国社会科学院政治学研究所为例，该研究所长期致力于政治学理论、中外政治制度、国家治理、世界政治与比较政策等领域的研究和咨询服务。在国家社会科学基金重大项目立项中，中国社会科学院政治学研究所的王炳权与上海交通大学的程竹汝共同申请并获得立项的2021年度国家社会科学基金重大项目"习近平总书记关于发展全过程人民民主重要论述研究"，是对"全过程人民民主"概念的系统性研究课题。可以看出，中国社会科学院政治学研究所对"全过程人民民主"概念的研究与阐释走在了全国前列。

(3) 标识性概念解读

标识性概念是研究成果的重要表现形式，是研究成果的高度凝练。标识性概念的提出反映了提出者与提出机构对该领域发展趋势的深刻把握，是其深厚研究实力的综合体现，标识性概念解读亦是如此。中国社会科学院在政策解读、标识性概念解读上紧跟国家政策方针，研究和阐释了一些新概念、新提法。

在党的二十大指出中国式现代化概念后，中国社会科学院积极响应，成立了"中国式现代化研究课题组"，对该概念进行系统深入的分析。课题组由中国社会科学院的一批重要学者组成，该课题组将研究重要成果《中国式现代化的理论认识、经济前景与战略任务》发表在2022年《经济研究》第8期。该研究成果从学理逻辑、现实意义和政策路径三个维度对"中国式现代化"概念进行了全面系统分析，提出了一系列重要观点和对策建议，发出了中国社会科学院自己的声音。

在习近平新时代中国特色社会主义思想的解读上，中国社会科学院同样有深刻见解。党的二十大召开后，中国社会科学出版社党委书记、社长赵剑英从哲学角度对党的二十大精神进行了深入解读，研究成果《学习和把握习近平新时代中国特色社会主义思想的世界观和方法论》发表于2022年《哲学研究》第11期。该研究成果从哲学角度对习近平新时代中国特色社会主义思想的世界观和方法论进行了深入分析，揭示了其背后的哲学理论、现实意义和实现路径。中国社会科学院对党的二十大相关概念的学理分析和政策解读，反映了中国社会科学院紧跟国家战略部署、准确把握国家政策方针、深刻领悟重要思想的综合能力。

在考古领域，中国历史研究院对国家关于考古工作的决策部署进行了深入分析与解读。习近平总书记在中共中央政治局2020年9月28日举行的关于中国考古最新发展和意义的第二十三次集体学习中指出，要努力建设中国特色、中国风格重要、中国气派的考古学。作为中国历史研究和考古研究的学术机构，中国社会科学院考古研究所联合其他科研机构开展了一系列有重大意义的考古发掘工作，发布了一系列重要考古新发现和科研成果，推动了中国考古学研究不断向前发展，为构建中国特色、中国风格、中国气派的考古学做出了积极贡献。2023年6月2日，习近平总书记在文化传承发展座谈会上发表重要讲话，强调要担负起新的文化使命，努力建设中华民族现代文明。中国社会科学院尤其是中国历史研究院作为中国历史研究的重要力量，将继续发挥更大作用，担负起文化传承的重要使命。[①]

3. 社会影响力

社会影响力是人才高地研究成果和研究能力在社会层面的影响，包括科普类成果产出和媒体曝光度。科普类成果产出通过社会传播的形式将研究成果向社会大众传达，将民众普遍关注的话题和感兴趣的知识进行通俗化解读。通过面向人众传播的方式，哲学社会科学研究主要发挥人文素养塑造和舆论引导的功能。

（1）人文素养塑造

人文素养的塑造是一个综合性、长期性的过程，既需要拥

[①]《习近平出席文化传承发展座谈会并发表重要讲话》，2023年6月2日，中国政府网，https：//www. gov. cn/yaowen/liebiao/202306/content_ 6884316. htm? device = app。

有深厚研究功底的学者，也需要形式多样的渠道。互联网时代，传统媒体和网络媒体已经成为人文素养塑造的重要渠道。哲学社会科学工作者发挥自身理论优势，积极拥抱多种形式的知识传播方式，为广大民众提供了获取信息和知识的渠道。

在书籍出版方面，哲学社会科学研究者以出版通俗读物的方式，将国家大政方针、经济民生、社会热点、人文等信息和知识传递给广大民众，不断提升民众获取知识和信息的便利度。中国也开展了一系列有针对性的普通读物出版发行的支持政策，有力推动了中国通俗类出版物的出版发行。教育部在2013年发布了《教育部哲学社会科学研究普及读物项目实施办法》，旨在大力开展哲学社会科学优秀成果宣传普及转化，促进高校哲学社会科学繁荣发展。国家实施普及读物项目，主要是为了支持和鼓励高校学者积极推进马克思主义大众化，阐释宣传党的路线方针政策，推广普及哲学社会科学最新理论创新成果，提高公民的思想道德素质和科学文化素质。同时，教育部将普及读物项目统一纳入教育部哲学社会科学研究规划中。[1] 文件还规定，在选题上，科普类读物要围绕社会主义经济建设、政治建设、文化建设、社会建设和生态文明建设等展开，能反映国内外哲学社会科学最新优秀成果，同时促进教育改革发展稳定重大问题的普及读物。在普及读物项目的资助上，每个项目资助15万元。该政策的实施，对哲学社会科学普及类读物的推广起到了很好的支撑保障作用。

在网络传播方面，网络公开课、网络自媒体课堂为知识传播提供了机遇，越来越多的机构、组织和教师、学者纷纷参与其中，开设了多样化的知识课堂，这些知识课堂正成为

---

[1] 《教育部哲学社会科学研究普及读物项目实施办法》，2013年2月7日，教育部网站，http://www.moe.gov.cn/srcsite/A13/moe_2557/s3103/201303/t20130301_148467.html。

知识传播和人文素养塑造的重要渠道。据统计，高校教师在网易公开课和慕课（MOOC）上开设了很多免费课程供民众观看学习，大量人文社会科学课程受到广泛关注。同时，越来越多的教师在视频网站开设账号，制作短视频，为广大网友提供了全新的知识获取方式，获得广泛好评。比如，中国政法大学罗翔教授在哔哩哔哩网站开设的"罗翔讲刑法"账号，目前累计粉丝数量超过3000万人，成为教师在网络传播知识的成功案例之一。

在文化宣传节目上，专家学者也积极参与其中。哲学社会科学研究者可通过直接参与节目录制或参与节目幕后工作，为文化宣传节目贡献力量。比如，央视举办的"百家讲坛""中国诗词大会""考古中国""国宝档案"等一系列有深度、有知识、有趣味的节目，让民众收获了知识的同时，也获得了人文教育。同时，这些文化宣传节目让相关领域的学者本人也获得了较高关注度，为其进一步传播知识打下良好基础。

在纪录片制作上，专家学者积极参与脚本撰写工作，为一些大型纪录片的制作提供了专业化服务。中国社会科学院当代中国研究所和马克思主义研究院积极参与党史、国史和党建相关主题纪录片的脚本撰写工作。这些纪录片将红色主题知识与声情并茂的视频制作相结合，让红色主题知识传播变得更广泛、更有效。

（2）舆论引导

与人文素养塑造不同，舆论引导则更注重实效性，主要依靠大众媒体进行思想传播。舆论引导的方式主要有流媒体采访、报刊类文章发表和网络自媒体等。

在主流媒体采访方面，哲学社会科学研究者成为一些重要新闻事件的点评人。在报刊类文章发表方面，《人民日报》《光明日报》《经济日报》等主流报刊媒体都开设了理论版专栏，为舆论引导和知识传播提供了良好平台。在网络自媒体方面，很多专家学者开设了网络媒体平台，如即时通信类（微博、微信），新闻类（今日头条、百家号），短视频类（抖音、快手）等平台，成为传播渠道的重要补充。经过长期发展，网络自媒体正被更多人接纳，很多专家学者已经拥有了众多粉丝，正成为学术知识传播、新闻解读和舆论引导的重要力量。

总体而言，哲学社会科学研究者在人文素养塑造和舆论引导方面已在发挥不可替代的作用，这也为人才高地社会影响力建设提供了重要途径。社会影响力建设的方式多样，但服务广大民众和社会需求是应有之义，这既是人才高地社会影响力建设的目标，也是途径。

4. 国际影响力

国际影响力反映哲学社会科学人才高地在国际学术界和国际社会产生影响。从哲学社会科学研究的"五路大军"来看，高校在国际化方面和对外交流方面走在前列，也在这些方面进行了长期而有成效的探索。国内高校智库提升国际影响力的方式主要有两种：一种是产出高质量外文成果；另一种是主办或参与国际活动。

（1）高质量外文成果产出

发表外文学术成果是提升人才高地国际影响力的重要途径。中国学者发表外文论文主要通过两种方式：中国主办与英文期刊和国外主办的英文期刊。中国学者在国内主办英文期刊发表论文是国外学者了解中国学术观点的重要渠道，论文引用情况能够从一个侧面反映其国际影响力水平。在国内主办的英文期刊中，中国社会科学院世界经济与政治研究所主办的英文学术期刊在国际上具有重要影响力。根据中国知网发布的中国学术期刊国际引证年报，从中国知网2012年开始公布人文社会科学类"中国最具国际影响力学术期刊"榜单开始，中国社会科学院世界经济与政治研究所主办的 *China & World Economy* 英文期刊，每年均获得此称号,并且一直名列前茅。① 中国社会科学院世界经济与政治研究所主办的外文期刊已经成为国外同行了解中国学术观点的重要渠道,在国际影响力建设方面拥有独特优势。

(2) 主办或参与国际活动

学术交流是学界沟通的平台。能够主办或参与国际活动是被国际学界认可的重要前提。国际平台通过发出中国学者的声音,传递中国智慧,是提升国际影响力重要方式。

在国际学术活动开展方面,中国现代国际关系研究院(以下简称"现代院")作为重要的部委下属研究机构,积极开展形式多样的国际交流活动,产生了积极的国际影响力。现代院长期与国际政要、智库、研究机构、社会组织和重要学者开展交流,举办了多种形式的学术研讨会、对话活动等。2020—2022年,现代院共开展了111项研讨会、外事访谈等活动,探讨中国与相关国家的外交关系。现代院在积极传播中国外交战略、跟踪国际形势发展上发挥了积极作用。

在国际发声上,中国人民大学重阳金融研究院(以下简称"人大重阳")开展和组织了形式多样的舆论发声和学术活动。在国际媒体发声上,过去十年间,中国人民大学重阳金融研究院与超过50个主要国家建立了常态化合作机制,在外文媒体与论坛发声2000多次;人大重阳邀请了斯洛文尼亚前总统图尔克、埃及前总理沙拉夫、吉尔吉斯斯坦前总理奥托巴耶夫等外国40多名政要担任外籍高级研究员。国际影响力持续提升。在国内各大机构发布的全球智库评价榜单中,人大重阳稳居中国一线智库,连续两年在国家信息中心发布的《"一带一路"大数据报告》中获得"一带一路"高校智库影响力第一名;在全球

---

① 《中国学术期刊国际引证年报》(人文社会科学),2020年10月,中国知网,https://eval.cnki.net/userfiles/file/20201216/20201216112334_5960.pdf。

最佳高校智库中排名前100位。① 十年间，人大重阳在美国、俄罗斯、印度、巴西、伊朗等十多个国家举办各类论坛20多场。这些重要的学术活动和智库发声为提升人大重阳的国际影响力发挥了重要作用。同时，人大重阳就"一带一路"、俄乌冲突、全球治理等全球广泛关注的议题赴全球100多个国家调研与宣讲，在国际各大主流媒体发声发文超过300次。在标志性事件解读和发声上，针对2021年12月美国将要召集的所谓"民主峰会"，中国人民大学重阳金融研究院有针对性地发布了《十问美国民主》报告，报告提出了十个尖锐的拷问，对美国所谓的"民主峰会"和美国长期标榜的所谓"美国式民主"进行了质疑、揭露与反驳。② 另外，中国人民大学重阳金融研究院还主动设置全球议程。针对新冠疫情暴发以来美国政府和媒体对华的抹黑，人大重阳就相关议题在国外媒体发声100多次。2020年4月，人大重阳牵头在美国《外交学人》杂志发表100名中国学者《致美国社会的公开信》，在两国引起正面影响。针对美国彭博社关于美国抗疫的相关论调，人大重阳在2021年8月牵头发布了《"美国第一"？！美国抗疫真相》的报告，再次引起国际社会广泛关注，在美国高层产生重要影响。③

（四）存在的问题

经过长期发展，中国哲学社会科学人才高地影响力建设经历了起步和快速发展阶段，学术影响力、政策影响力、社会影

---

① 资料来源：中国人民大学重阳金融研究院网站（http://sf.ruc.edu.cn/zkcg/jgjj/zyjryjy.htm）。

② 资料来源：中国人民大学重阳金融研究院网站（http://rdcy.ruc.edu.cn/zw/yjcg/yjcgyjbg/yjbgyjbg/becadfe4e6fb4af685122a3d71ab0c72.htm）。

③ 资料来源：中国人民大学重阳金融研究院站网（http://rdcy.ruc.edu.cn/zw/jszy/rdcy/grzl_rdcy/96ae8e6dfd7040929dc6c2dd5a98eac5.htm）。

响力和国际影响力均取得了显著提升。然而，哲学社会科学人才高地建设还任重道远，仍然存在诸多问题需要解决。

1. "跟随式"学术研究仍然普遍存在，缺乏具有中国特色的学术研究

中国哲学社会科学研究者普遍存在的问题就是以国外学者提出的研究范式来研究中国问题。从学理的角度看无可厚非，但从长期来看，中国独有的国情又不能生搬硬套国外理论，否则就会出现用国外经验来解决中国问题的现象，必然无法从根本上发现和解决中国问题。从学术发展角度看，中国的发展经验必然能产生新的理论和学说，如果忽略中国发展经验，会错失发现新理论的机会。

另外，很多学者热衷于使用国外的学术体系和话语体系来解构中国问题，这也无可厚非，但是一味地追求国际话语体系就会失去本国学术话语体系。中国发展过程中出现的很多问题会重复几百年来西方发达国家的经历，但是这种重复不是简单重复，国情不同，体制不同，出现的问题和解决的办法也都会有所差异。缺少中国学术话语体系，就无法基于中国体制、国情和文化构建一套分析架构，不利于中国本土学术理论创新与发展。

2. 热衷于"短平快"的热点问题研究，同质化研究现象普遍存在

研究热点问题无可厚非，但是很多领域都在向热点问题靠拢，那些花费时间较长、成本较大甚至长期没有研究结果的学术问题却鲜有人问津，这不利于建立良好的学术生态和学术长期稳定发展。哲学社会科学研究的很多领域具有较缓慢的学术价值收获期，往往在很短的时间内无法体现出更多学术价值和社会价值。很长一段时间，很多研究领域都在追逐新闻热点，这不仅对研究者的学术能力产生不利影响，对整个学术体系的

发展，尤其是那些冷门绝学的发展，也是十分不利的。同时，同质化研究现象的存在会导致研究机构无法凸显自身优势，也不利于科研机构差异化发展。

3. 标识性概念仍然匮乏

中国哲学社会科学界在标识性概念提出上还有很大发展空间。标识性概念是哲学社会科学研究能力的重要体现。标识性概念是建立在本国学术体系甚至价值体系之上而形成的，能在一定程度上体现本国的学术价值理念和学术话语权。但是，中国哲学社会科学领域所提出的标识性概念相对较少。从学术界流行的重要学术术语和概念来看，国外学者提出的标识性概念占据了较大比重。在经济学领域，绝大多数经济学经典概念都出自西方经济学家，尤其以诺贝尔经济学奖获得者为主；在政治学领域，"软实力""修昔底德陷阱""文明冲突"等流行于学术界的标识性概念均出自西方研究者。相比较而言，中国哲学社会科学发展水平长期落后于国际学术界，也是影响中国学界提出标识性概念的重要原因。

这些年来，中国也提出了一些标识性概念，但是仍然集中在少数几个领域，如党政领域、经济发展领域，而在其他很多学术领域却鲜有标识性概念。长此以往，势必会阻碍中国学术创新发展，发出中国声音、传播中国故事和掌握国际学术话语权不利于中国学者。

4. 研究成果的社会化传播程度不够

好的研究成果还需要传播出去，良好的社会传播可以起到放大效应。但是哲学社会科学界存在好的宣传案例，在宣传意识和宣传方式上普遍存在不足。好的学术成果不能仅仅停留在学术论文、书籍中，更应该传播出去，影响更多人。宣传毕竟不是哲学社会科学研究者所擅长的工作，但是需要掌握的一门技能。尤其在信息爆炸的社会，社会化宣传显得很有必要。目前来看，中国哲学社会科学研究机构和研究人员存在好东西宣传不出去的困境。

对于研究机构来说，社会化传播除了传统媒体采访和书籍出版外，还有新媒体传播。传统媒体采访和书籍出版受制于时间和传播方式，而新媒体的出现却可以快速提升传播力度。尽管如今有一些教师和研究者通过新媒体传播知识的观念在提升，但是很多研究机构仍然没有重视新媒体的宣传，尤其是机构的新媒体账号和研究人才个人账号的运营。同时，传播内容的理论性、趣味性和实用性也很重要。

5. 研究范式的不同导致学术研究国际影响力不够，缺乏国际学术话语权

研究范式不同是导致中国学术研究无法在国际学界广泛传播甚至发表的重要影响因素。长期以来，中国研究范式主要以西方研究范式为主，这些研究范式也基于国外的制度、文化和环境。然而，以这些研究范式来研究中国问题，就不免有些"水土不服"，尤其在社会科学领域体现得更为明显。

构建中国特色的研究范式能够更好地分析和解决中国问题，但是如何扩大影响力、提升国际学术话语权成为新难题。当前，中国哲学社会科学研究领域在不断构建具有中国特色的研究范式，如何让国际学术同行接受中国学者所构建的研究范式，构建中国特色的国际学术话语体系和国际学术话语权，扩大学术国际影响力，是当前面临的重要课题。

（五）政策建议

1. 构建中国特色的学术体系和话语体系，提升国际学术话语权

以中国特色的学术体系和话语体系为研究工具，构建具有中国特色的研究范式、加强中国问题研究、提升中国的学术体系和话语体系，是提升哲学社会科学人才高地长期高质量发展的重要途径。首先，以马克思主义理论和方法为指导，构建具有中国特色的研究范式。积极引导哲学社会科学研究者立足中国立场、制度、文化和环境，构建符合中国国情的哲学社会科学研究范式和分析框架。其次，积极借鉴国际视角和国内视角，发现中国问题的解决之道，提升研究问题的科学性和实用性。最后，逐步构建具有中国特色的学术体系和话语体系，以点带面，以学术问题为基础和突破口，积累学术研究经验，不断丰富和完善中国学术体系和话语体系的构建。以中国特色的学术体系和话语体系作为研究工具来分析中国问题，并不断丰富和完善学术体系和话语体系，是哲学社会科学研究人才高地放眼全球、研究中国、服务中国的重要前提，也是提升中国哲学社会科学研究国际学术话语权的重要推动力。

2. 夯实理论基础和理论体系，不断提出标识性概念

高质量的学术成果离不开扎实的理论基础和完善的理论体系。标识性概念就是高质量学术成果的自然产出的集中体现，既需要时间积累，也需要扎实研究。当前，中国不同领域的哲学社会科学人才高地在人才队伍、学术研究能力上均有了很深厚的积累，以高校为代表的学术型智库在纯学术研究上已经可以与国外顶尖高校相媲美，但是在中国理论和方法上的研究却不够。现有标识性概念以西方制度、文化和价值观为基础，要想提出更多有新意的标识性概念，就需要与中国实际相结合，丰富和发展中国理论，将中国理论与中国实际相结合，提升本土化学术创新能力，才能更好推动标识性概念不断增加。

3. 营造良好的学术创新环境，实现人才高地均衡发展

良好的学术创新氛围是提升学术影响力的保障。首先，应

制定和完善多元化的学术评价标准。注重对学术成果质量和贡献的考评，不唯数量，为研究人才营造良好的科研和工作环境，逐步减少研究人才在职称评审和考核过程中追求数量而不注重质量，追热点而不注重长期研究的现象。对于"五路大军"而言，评价标准应有所差异。高校作为学术研究的重要机构，应该在科研成果和教学上有所均衡；以中国社会科学院为代表的科研院所应注重对基础研究和政策研究的均衡考察；党校（行政学院）应该以教学、科研和政策研究为考察对象。通过制定多元化的考评标准，为研究人才提供良好的科研、教学与政策研究环境，从而实现人才高地的长期健康发展。

其次，加大对冷门绝学等不同领域的人才高地的支持力度，实现人才高地均衡和多样化发展。一些研究冷门绝学的人才高地在本领域拥有长期的研究优势，但是学术评价导向、资金支持和人才队伍建设等方面存在的问题，导致一些可以发展更好的哲学社会科学人才高地不得不面对"有优势、无人才，有基础、无保障"的困难局面。

纵观中国哲学社会科学领域发展较好的人才高地，大多脱胎于名校和其良好的人才资源。在研究内容上，有影响力的人才高地往往集中在经济、政治、外交等领域，相关资源支持也很丰富。但是对于一些冷门绝学而言，学术领域的特点决定了无法得到更广泛的关注，同时受到社会科学专业尤其是经济、政治、外交领域在资金、人才资源上的挤占，再加上学术评价标准的单一等问题，更加剧了本专业的发展难度。因此，加大对这些专业的支持，完善多元化的学术评价体系，营造鼓励创新和长期研究的学术氛围，对支持哲学社会科学人才高地高质量发展显得尤为重要。

最后，加大对欠发达地区的人才高地支持力度，是实现人才高地均衡发展的保障。对于发达地区而言，人才高地的研究特色十分明显，对地区经济、社会、文化的研究拥有显著优势。

但是这些人才高地往往面临着人才短缺、经费不足等问题，这就需要从政策层面予以支持。对于欠发达地区有特色的人才高地，应该从人才发展环境、资金支持、社会化保障等方面加大支持力度，让拥有悠久发展历史的特色化人才高地为国家战略、地区和社会发展提供源源不断的智力支持和人才支撑。

4. 加大研究成果的传播力度，积极发挥人文素养塑造功能

中国哲学社会科学人才高地在各自领域拥有较高的学术研究能力，研究成果丰硕，研究积淀深厚。这些研究成果在为国家决策提供服务的同时，也应该通过社会化传播提高社会影响力，发挥教育社会和知识传播的作用。其一，哲学社会科学研究者应该积极创作民众易于接受、为提升民众人文素养有积极功效的人文作品，将学术研究成果大众化，扩大人文知识储备量和供给量。其二，互联网时代带来了宣传手段和渠道的多样化，这为哲学社会科学研究成果的传播提供了有利条件。研究人员和所在机构应该积极拥抱新媒体时代，加大成果的传播力度和扩大传播范围，将有益于社会发展和民众喜闻乐见的知识传播出去，为民众供应多样化、差异化、有内涵的精神食粮，供民众选择，以潜移默化的方式影响和提升民众人文素养，更好地发挥哲学社会科学研究者和研究机构的社会功能，提升社会影响力。

5. 提升国际交流水平，扩大国际影响力

积极参与国际学术活动可以更好地提升中国学者和相关研究成果在国际学术界的曝光度，是促进学术交流、增进了解、融入国际学术界、扩大影响力的重要途径。首先，积极参与国际学术活动。中国哲学社会科学研究机构应该积极推动科研人才参加国际学术交往，与其他国家学术机构、学者和学术团体建立广泛而长久的联系，积极推广和宣传中国学者、中国学术观点和中国方案。其次，积极构建国际化人才队伍，通过人才队伍的国际化，增强中国学者国际化学术研究能力，不断提升中国学术成果的国际化。最后，促进国际人才交流，通过学术交流项目扩大国内外学者的互访人数和范围，通过长期而深入的项目合作增进了解、促进学术交流，不断扩大中国学术研究的国际影响力。

结语　肩负评价使命　勇攀学术高峰

2023年6月2日，习近平总书记在文化传承发展座谈会上指出，"在五千多年中华文明深厚基础上开辟和发展中国特色社会主义，把马克思主义基本原理同中国具体实际、同中华优秀传统文化相结合是必由之路"；10月7—8日在京召开的全国宣传思想文化工作会上首次提出了习近平文化思想，并明确"七个着力"的具体要求。这些都为新时代哲学社会科学的繁荣发展提出了更高的要求和更明确的方向。以此为指引，哲学社会科学界正努力推进马克思主义中国化和中华优秀传统文化现代化，繁荣发展中国特色哲学社会科学，担负起新时代文化使命，建设中华民族现代文明。

作为中国特色哲学社会科学发展的"指挥棒"和"风向标"，中国哲学社会科学评价队伍肩负着引领"两个结合"正确方向的使命；肩负着通过进一步优化完善中国哲学社会科学的学术评价和人才评价体系，引导哲学社会科学高质量成果和高层次人才投入中华优秀传统文化创造性转化、创新性发展中，投入中国特色社会主义现代化建设中的职责。中国广大哲学社会科学科研机构当努力发展建设成人才高地、学术高峰，哲学社会科学评价机构也应同样如此，肩负起新时代更加艰巨的评价使命和职责，持续提升学术评价研究质量。

（一）优化完善学术评价体系，加快中国自主知识体系构建

中华民族现代文明是以习近平同志为主要代表的中国共产党人对世界文明体系的新创造和新贡献，丰富和发展了人类文明的知识体系，并在继续创新发展着以中国式现代化为主要标志的人类文明新形态。这为中国加快构建自主知识体系提出了新要求。目前，中国哲学社会科学领域仍存在学术原创能力不强、学术评价体系科学性不够，对马克思主义理解不深、理解不透，在运用马克思主义立场、观点、方法上功力不足、高水平成果不多等问题。基于此，中国哲学社会科学的评价体系需进一步优化完善，以坚持和巩固马克思主义在中国哲学社会科学领域的指导地位，引领构建中国自主的哲学社会科学知识体系。

一是坚持以人民为中心的学术评价导向，推动构建马克思主义中国化的哲学社会科学知识体系。马克思主义知识体系博大精深，涉及自然界、人类社会、人类思维各个领域。构建马克思主义中国化的哲学社会科学体系，应坚持分类评价的学术评价机制，激励哲学社会科学科研工作者积极担当作为。推行等效评价机制，寻求高质量的理论阐释、建言咨政和学术研究类成果间的平衡点。建立重大研究课题的长周期考核机制，引导和支持哲学社会科学科研工作者将重心落到研究国家发展和党执政面临的重大理论和实践问题上来，落到提出解决问题的正确思路和有效办法上来。

二是秉持传承发展中华文明的学术评价宗旨，推动构建落实中华优秀传统文化"两创"方针的哲学社会科学知识体系。在阐释中华文明、解读中国实践、构建中国理论方面，当前中国哲学社会科学界在国际社会仍处于"有理说不出、说了传不

开"的境地。为此，评价队伍应进一步创新评价方式，引导学术期刊开设传承发展中华文明的主题专栏、刊发系列文章；鼓励高端智库推进中华优秀传统文化和社会主义先进文化的对外传播和学术交流；引导中国哲学社会科学界主动设置议题，提炼中华文明的标识性概念，促进中华优秀传统文化的创造性转化，构建更多国际社会容易理解和接受的新概念、新范畴、新表述；就国际学术界共同关注的"文明冲突论""西方文明优越论"等议题展开研究和辨析，向世界讲好中华文明的故事，促进人类文明交流互鉴。

（二）优化完善学科评价体系，弥合知识生产不平等的鸿沟

建设中华民族现代文明，要求进一步优化完善中国哲学社会科学的学科评价体系。目前，中国哲学社会科学学科体系还存在一些亟待解决的问题，主要是一些学科设置同社会发展联系不够紧密，学科体系不够健全，新兴学科、交叉学科建设比较薄弱，各学科之间差异化较大，在学科知识生产领域的地位不平等现象明显。中国特色哲学社会科学应该努力构建一个全方位、全领域、全要素的哲学社会科学学科体系。为此，评价队伍应进一步优化完善中国哲学社会科学的学科评价体系，使基础学科健全扎实、重点学科优势突出、新兴学科和交叉学科创新发展、冷门绝学代有传承、基础研究和应用研究相辅相成、学术研究和成果应用相互促进。

一是淡化学科畛域，基于建设中华民族现代文明的文化使命，支持培育学科群、新兴学科和交叉学科。建设中华民族现代文明是具有国家战略意义的超学科研究议题。评价队伍应在新一轮学科评估和服务于哲学社会科学"三大体系"建设的学科发展中，基于传承发展中华优秀传统文化的职责使命，将哲

学、历史学、考古学、文学、统计学、地质学、生态学、信息科学等相关学科组建学科群，将研究中华民族现代文明建设的重大理论和现实议题作为重要观测指标，予以激励性评价，各取所长，提升各学科力量的积极性和参与感。以评促改，探索将攸关中华民族现代文明建设的交叉学科研究"大题目"独立设项、独立评审，助力建设形成具有中华文明突出特性的中国特色哲学社会科学"三大体系"。

二是加强话语体系建设，维护中华民族现代文明建设的主体性和原创性。评价队伍应引导中国哲学社会科学从学科建设做起，以马克思主义为指导，加强中华优秀传统文化相关学科建设，重视保护和发展具有重要文化价值和传承意义的"绝学"、冷门学科。将学科的话语体系建设作为学科评价指标的侧重点之一，助力哲学社会科学界加快构建突出体现中华文明连续性、创新性、统一性、包容性、和平性的学科理论和标识性概念，以中华文明的历史为研究起点，深入研究阐释中华文明的历史渊源、发展脉络，深刻阐明当代中国、未来中国与历史中国的传承性；深刻阐明中华文明对中国各民族优秀文化的融合凝聚性，深刻阐明传承发展中华优秀传统文化与中国特色社会主义的高度契合性。基于马克思主义基本原理同中华优秀传统文化的"第二个结合"提出具有主体性、原创性、学理性的理论观点，深刻揭示并生动呈现中华民族现代文明的深刻内涵，向国际社会讲好中华文明故事。

（三）优化完善人才评价体系，建设哲学社会科学人才高地

"为政之要，惟在得人"，人才是衡量一个国家综合国力的重要指标。建设中华民族现代文明，关键在人才，特别是哲学社会科学人才。而关心好、培养好、使用好哲学社会科学人才，

让广大哲学社会科学工作者成为建设中华民族现代文明的思想倡导者、研究开拓者、风尚引领者和坚定支持者，关键在于优化完善哲学社会科学人才评价体系。目前，中国哲学社会科学人才队伍总体素质亟待提高，还处于有专家缺大师的境况。为此，评价队伍应致力于提升中国哲学社会科学人才队伍的整体素质，引育一批深耕基础理论和中华文明传承的名家大师。

一是持续探索人才分类评价机制，激励人才积极投身于中华民族现代文明建设。对主要从事马克思主义中国化理论研究的人才，着重评价其在创新思想理论方面的能力和贡献，以重大理论创新成果作为主要评价依据，突出同行学术评价；对主要从事马克思主义中国化应用研究和决策咨询研究的人才，着重评价其在为党和政府提供决策服务、解决经济和社会发展问题等方面的能力和贡献，突出用户评价和社会效益。对攸关中华文明传承发展的基础学科和冷门绝学人才实行单独评价，匹配科学研究规律，畅通人才高级职称评审绿色通道。激励和支持哲学社会科学人才成长为年富力强、锐意进取的中青年学术骨干，成长为理论功底扎实、勇于开拓创新的学科带头人，成长为具有深厚马克思主义理论素养、学贯中西的思想家和理论家。基于评价结果配套建立规范完善的奖励体系，表彰有突出贡献的哲学社会科学工作者，形成良好的人才培养激励机制，促进优秀人才不断涌现、健康成长。

二是建设哲学社会科学人才高地评价体系，以评促建，聚力攻关攸关中华民族现代文明建设的重大理论和实践命题。人才是自主创新的关键，顶尖人才具有不可替代性。习近平总书记指出，要深入实施新时代人才强国战略，加快建设世界重要人才中心和创新高地，可以在北京、上海、粤港澳大湾区建设高水平人才高地。值此百年未有之大变局，世界各国争夺国际话语权的竞争日趋激烈，中国哲学社会科学界亟须在促进人类多元文明交流互鉴的同时，加快中华民族现代文明的建设和传播。北京、上海、粤港澳大湾区等地哲学社会科学高层次人才相对集中，聚集了一批高水平的哲学社会科学机构。评价队伍应进一步将建设中华民族现代文明的能力纳入哲学社会科学机构评价体系，作为机构管理能力建设评价的重要指标之一，重点评价其解决中华优秀传统文化与当代中国马克思主义如何结合、中华民族现代文明建设如何融入国民教育、中华民族现代文明的国际传播能力建设如何加强等重大议题的能力。优化完善哲学社会科学人才引进的评价方式，增强国内高水平哲学社会科学机构对世界优秀人才的吸引力，引育一批具有国际话语权和传播力的名家大师，形成若干具有国际竞争力的哲学社会科学人才高地，助力中华民族现代文明建设成为人类文明的光辉篇章。

参考文献

《毛泽东文集》第2卷，人民出版社1993年版。

《毛泽东选集》第3卷，人民出版社1991年版。

中共中央党史和文献研究院编：《习近平关于人才工作论述摘编》，中央文献出版社2024年版。

《中共中央关于党的百年奋斗重大成就和历史经验的决议》，《人民日报》2021年11月17日第1版。

《中共中央印发〈关于加快构建中国特色哲学社会科学的意见〉》，《人民日报》2017年5月17日第1版。

习近平：《高举中国特色社会主义伟大旗帜　为全面建设社会主义现代化国家而团结奋斗》，《人民日报》2022年10月17日第2版。

习近平：《论党的宣传思想工作》，中央文献出版社2018年版。

习近平：《深入实施新时代人才强国战略　加快建设世界重要人才中心和创新高地》，《求是》2021年第24期。

习近平：《深入实施新时代人才强国战略　加快建设世界重要人才中心和创新高地》，《人民日报》2021年9月29日第1版。

习近平：《在哲学社会科学工作座谈会上的讲话》，《人民日报》2016年5月19日第2版。

习近平：《在中国科学院第二十次院士大会、中国工程院第十五次院士大会、中国科协第十次全国代表大会上的讲话》，《人民日报》2021年5月29日第2版。

安京：《国家社会科学基金会简况》，《中国科学基金》1989 年第 4 期。

陈越编译：《哲学与政治：阿尔都塞读本》，吉林人民出版社 2003 年版。

单天伦：《我国社会科学研究体制改革的一个重要措施——谈国家社会科学基金的建立》，《中国高等教育》1988 年第 9 期。

丁小溪、范思翔、张研：《聚人才之力 筑复兴之基——新时代人才事业发展成就综述》，《新华每日电讯》2022 年 8 月 22 日第 1 版。

杜宇玮：《新形势下地方社科院智库研究的定位、理念与方略》，《智库理论与实践》2021 年第 5 期。

冯利朋、兰洁：《中国高校智库的地域分布研究》，《决策与信息》2019 年第 11 期。

高志、张志强：《个人学术影响力与年龄的变化规律研究进展——基于自然科学领域》，《情报杂志》2016 年第 2 期。

古恒宇、沈体雁：《中国高学历人才的空间演化特征及驱动因素》，《地理学报》2021 年第 2 期。

《胡绳全书》第 3 卷，人民出版社 1998 年版。

黄海刚、连洁、曲越：《高校"人才争夺"：谁是受益者？——基于"长江学者"获得者的实证分析》，《北京师范大学学报》（社会科学版）2018 年第 5 期。

荆林波、吴田：《建议在"交叉学科"门类下设立"评价学"一级学科》，《中国社会科学报》2023 年 2 月 28 日第 1 版。

荆林波、杨佳乐：《哲学社会科学学科建设与人才培养：成绩、问题及建议》，《北京大学学报》（哲学社会科学版）2022 年第 5 期。

李奕嬴、朱军文：《高校海归青年教师首聘期工作满意度的地域差异研究——基于 2008—2017 年 20 所城市调查数据的分析》，《高等教育研究》2018 年第 11 期。

刘超等：《基于获得"杰青""优青"资助情况分析北京大学

"优秀青年人才引进计划"的成效》,《中国科学基金》2015年第3期。

刘伟:《论哲学社会科学的特殊性》,《北京大学学报》2021年第6期。

吕思勉:《中国政治五千年》,中国致公出版社2018年版。

罗洪川等:《我国博士毕业生去向及就业特征分析——基于2015—2020年博士毕业生数据的分析》,《学位与研究生教育》2022年第1期。

马洪:《开创社会科学研究的新局面》,中国社会科学出版社1984年版。

孟华、刘娣、苏娇妮:《我国省级政府高层次人才引进政策的吸引力评价》,《中国人力资源开发》2017年第1期。

缪亚军、戚巍、钟琪:《科学家学术年龄特征研究——基于学术生产力与影响力的二维视角》,《科学学研究》2013年第2期。

潘梓年:《为马克思主义哲学的胜利而斗争》,《哲学研究》1955年第1期。

乔锦忠、汤亭、沈敬轩:《2013—2018年高层次人才吸引力的区域比较研究》,《教育经济评论》2021年第6期。

全国哲学社会科学规划办公室编:《国家社会科学基金历年立项课题汇编》,社会科学文献出版社1993年版。

全国哲学社会科学规划办公室编:《国家社会科学基金资助项目汇编(1993—1998年)》,学习出版社1998年版。

任恒:《构建我国新型智库"旋转门"机制:内涵、现状及思路》,《北京工业大学学报》(社会科学版)2021年第1期。

苏培:《共筑学术梦:我和社科院的故事——访著名美学家、中国社会科学院原副院长汝信》,《中国社会科学报》2017年5月11日第2版。

王炳权、杨睿智:《新时代中国政治学"三大体系"建设的发展与创新》,《广西师范大学学报》(哲学社会科学版)2023年第 1 期。

王延中:《新中国民族学与人类学研究 70 年》,中国社会科学出版社 2021 年版。

吴江:《切实解决青年科技人才成长中的实际问题》,《中国人才》2022 年第 5 期。

吴田、杨佳乐:《哲学社会科学科研人才评价体系构建研究》,《中国社会科学评价》2022 年第 3 期。

吴田、赵渊博:《促进人才发展的公共服务政策文本量化研究——以深圳市为例（2010—2020 年）》,《重庆理工大学学报》（社会科学）2022 年第 3 期。

吴月:《努力使中国特色哲学社会科学真正屹立于世界学术之林》,《人民日报》2022 年 7 月 7 日第 4 版。

萧鸣政、应验、张满:《人才高地建设的标准与路径——基于概念、特征、结构与要素的分析》,《中国行政管理》2022 年第 5 期。

谢伏瞻:《加快构建中国特色哲学社会科学学科体系、学术体系、话语体系》,《中国社会科学》2019 年第 5 期。

徐刚:《发展错位到错位发展：地方高层次人才引进同侪效应的治理逻辑》,《软科学》2023 年第 5 期。

余福海:《客卿谋国：外来人才与秦国的统一大业》,《中国人才》2020 年第 3 期。

阎光才:《学术生命周期与年龄作为政策的工具》,《北京大学教育评论》2016 年第 4 期。

张辉菲、刘佐菁、陈敏、陈杰:《关于我国智库人才创新管理与培养的研究》,《科技管埋研究》2018 年第 4 期。

张天白:《我国体育社会科学规划工作回顾与展望》,《体育科学》2001 年第 4 期。

张伟、徐广宇:《高校顶尖青年人才的分布特征与集聚策略——基于国家级顶尖青年人才计划项目的比较分析》,《国家教育行政学院学报》2016 年第 8 期。

张炜、景维民、王玉婧：《什么决定了一线城市对人才的吸引力？——基于随机森林法对影响要素的检验分析》，《科技管理研究》2017年第22期。

赵砚文：《哲学社会科学人才评价的实践探索与思考——以河北省为例》，《社会科学论坛》2021年第6期。

中国科学技术协会主编，中国图书馆学会编著：《中国图书馆学学科史》，中国科学技术出版社2014年版。

中国社会科学院科研局组织编选：《潘梓年集》，中国社会科学出版社2012年版。

中宣部、教育部：《面向2035高校哲学社会科学高质量发展行动计划》，《人民日报》2022年5月28日第4版。

朱薇：《1948年中国共产党对知识分子问题的思考》，《党的文献》2016年第1期。

祝维龙、苏丽锋：《高校哲学社会科学高端人才分布及流动特点研究——基于国家社科基金重大项目首席专家的分析》，《教育经济评论》2021年第3期。

左晶晶、段鑫星：《"留"还是"流"：高校毕业生流动的空间布局与影响因素分析——以"双一流"建设高校博士毕业生为例》，《江苏高教》2022年第7期。

［美］刘子健：《中国转向内在》，赵冬梅译，江苏人民出版社2012年版。

M. Beine et al., "Brain Drain and Economic Growth", *Journal of Development Economics*, Vol. 64, No. 1, 2001.

Michele Tuccio, "Measuring and Assessing Talent Attractiveness in OECD Countries", *Oecd Social, Employment and Migration Working Papers*, No. 229, 2019.

O. Stark et al., "A Brain Gain with a Brain Drain", *Economics Letters*, Vol. 55, No. 2, 1997.

P. M. Hauser, *The Study of Population*, University of Chicago Press, 1959.

后　　记

　　本书以中国社会科学评价研究院人才与学科评价研究室创新工程项目为依托，在书稿撰写过程中，项目组成员秉持"实践见真知"理念，围绕哲学社会科学人才发展与学科建设主题，先后走访国内外高水平高校、科研院所50余家，深度访谈专家学者近300人，在此对各机构和各位专家学者的支持和帮助致以最衷心的感谢。

　　本书由中国社会科学评价研究院多位同志合作完成。张青松、吴田负责整体框架设计，组织撰写，并参与各章节框架讨论。吴田、余福海负责全书的统稿和审校工作。

　　本书各章节写作分工如下：序言：张青松；摘要：杨佳乐；总论：余福海；哲学社会科学人才高地建设现状：张青松；哲学社会科学人才高地吸引力研究：吴田；哲学社会科学人才高地管理力研究：杨佳乐；哲学社会科学人才高地影响力研究：赵渊博；结语：余福海、吴田；后记：吴田。

　　本书还有很多不足之处，恳请各位读者批评指正。

张青松，1971年出生，译审，中国社会科学评价研究院党委委员、办公室（党办）主任。1994年黑龙江大学日语系毕业后，考入北京外国语大学日本学研究中心，2005年在中国社会科学院研究生院获经济学博士学位。研究领域为国际投资与贸易、机构与人才评价、中日经济合作等，曾在日本学术振兴会、大和综研、立教大学等机构做访问学者。迄今出版专著《日本对华直接投资研究》、合著《全球疫情与世界经济》《法院系统基层党组织组织力建设—西城法院评估报告》《信访制度与国家治理体系现代化》《中日友好交流30年》（经济卷）等十余部，出版译著《日本地方分权改革》《日本地方自治》《国际经营》等5部，主持参与省部级重大项目《国家中长期人才发展规划纲要（2010—2020）评估项目》《国民经济和社会发展第十三个五年规划纲要评估项目》等十余项。

吴田，1988年12月生，山东淄博人。中国社会科学评价研究院人才评价研究室副主任（主持工作）、副研究员；中国社会科学院大学政府管理学院MPA教育中心副主任，政府政策与公共治理教研室主任，副教授、硕士生导师。2011年北京大学政府管理学院毕业后，保送至清华大学公共管理学院，硕博连读，2016年获管理学博士学位，期间赴美国哈佛大学肯尼迪政府学院访学一年。研究领域包括人才与学科评价、公共政策与知识生产。出版中英文专著各1部，参著2部，在中英文期刊，《光明日报》《中国社会科学报》等主流媒体上发表文章40余篇。报送省部级及以上决策咨询类报告20余篇。